TIPPEL
TOUREN

Peter Squentz

TIPPEL TOUREN

Band 9

25 neue Tippeltouren
links und rechts des Rheins
Plus Rundgang durch den Kölner Dom
Plus Register der Bände 1 bis 8

J. P. Bachem Verlag Köln

Titelbild und Fotos: Peter Squentz
Karten: Barbara Köhler

Die Deutsche Bibliothek – CIP-Einheitsaufnahme

Squentz, Peter:
Tippeltouren / Peter Squentz. – Köln : Bachem.
  Aus: Kölner Stadt-Anzeiger.

Bd. 9. 25 neue Wanderungen rechts und links des Rheins.
  Plus Rundgang durch den Kölner Dom.
  Plus Register der Bände 1 bis 8 – 1. Aufl. – 2001
  ISBN 3-7616-1468-3

Buchausgabe nach einer Fortsetzungsfolge aus dem
Kölner Stadt-Anzeiger

1. Auflage 2001
© J. P. Bachem Verlag, Köln, 2001
Satz und Druck: Druckerei J. P. Bachem GmbH & Co KG Köln
Printed in Germany
ISBN 3-7616-1468-3

*Dieser neunte Band ist Leonie gewidmet,
meiner Allerjüngsten*

Inhaltsverzeichnis

Links des Rheins

Vorbemerkung

Jedem Buch sein Vorwort! Das ist beim ersten leichter als beim neunten. Als dieser Band der „Tippeltouren" so gut wie fertig war und einzig noch ein Vorwort brauchte, wollte ich mir das Geschäft erleichtern und fragte unverblümt das Internet nach „Wandern". Die „Suchmaschine" ließ mich auch bei diesem Stichwort nicht im Stich: In exakt gestoppten 0,12 Sekunden bot sie mir („ungefähr") 177.000 Einträge an, 177.000 Stellen, die mir weiterhelfen sollten. Die „Tippeltouren" waren sicher nicht einmal dabei, stattdessen freilich allerlei Besorgtes aus der deutschen Wirtschaft, dass Fachkräfte „abwandern" könnten, auch viele Anzeigen für „Wanderreisen", „Wanderwochen" „Wellness-Wandern" und dergleichen, unbrauchbar im fraglichen Zusammenhang.

Bei diesem Wander-Überangebot wären nicht einmal Stichproben möglich gewesen, die ihrem Namen noch gerecht geworden wären. Stattdessen half der Zufall. Eine deutsche Sonntagszeitung bot zum Frühstück frische Nahrung für die grauen Zellen mit der Überschrift: „Bewegung fördert das Denkvermögen". Das war zwar auf den Dauerlauf gemünzt, es gilt indessen auch fürs Wandern: „Wenn wir ein aktives Leben führen, bis ins hohe Alter Neues lernen und uns viel bewegen, dann fördern wir die Bildung neuer Nervenzellen." So ließ sich ein Professor aus den USA zitieren: „Neuronale Plastizität" heißt das Stichwort. Es meint die Abkehr von der alten Vorstellung, dass Nervenzellen, einmal angelegt, nur noch absterben können. Stattdessen nimmt man nunmehr an, dass sie auch neu gebildet werden können.

Ist es vermessen zu sagen, das habe man doch schon geahnt? Und neun Bände „Tippeltouren" seien der geradezu empirische Hinweis darauf? Hinausgehen: Wörtlich ebenso wie metaphorisch, aus sich hinausgehen, tut einfach gut. Von der Bewegung braucht man nicht zu reden, davon ist jeder überzeugt. Und Neues kennenlernen, überraschend Eindrücke und Einsichten gewinnen ohne großen Aufwand, kommt zur Bewegung gratis noch dazu. Die Professoren könnten dies mit Hinweisen auf „Botenstoffe" und „körpereigene Opiate" biochemisch untermauern. Uns reicht die immer wieder neue Freude, wenn man beim Wandern Menschen trifft, auf Spuren von Geschichte und Geschichten stößt, die immer wieder neu und überraschend sind, fast vor der eigenen Haustür.

Mein Freund Bernd Sülzer, Romanschriftsteller, Schöpfer wunderbarer Drehbücher, hat es einmal auf den Punkt gebracht. Den Horizont erweitern durch Verringerung des Radius: Das sei die Formel für die Tippeltouren. Und nur für Mathematiker sei noch hinzugefügt, was selbstverständlich ist: Der Radius dabei darf allerdings nicht Null sein.

Wie immer war ich bei den Tippeltouren nicht allein. Viele sind zuweilen mitgewandert, viele haben mir geholfen, oftmals ohne es zu wissen. Bei längst nicht allen unter ihnen gehört das Auskunftgeben zum Beruf. Nicht allen kann ich eigens danken. Beispiele sollen stattdessen genügen: Willi Hausmann und Martin Jeremias, beide Dabringhausen, haben mich mit Hintergrundwissen versorgt; Birgit Hammes aus Hain hat mich ein Stück begleitet und hat dabei für gute Laune und alle nötigen Details zum Tuffgestein gesorgt. Heinz Schäfer aus Bad Neuenahr hat mich zweimal begleitet und für die vielen Punkte zweier Touren buchstäblich auf dem laufenden gehalten. Mein Freund Helmut Bennighoven war fast jedes Mal dabei und kennt nun auch die Stücke Wegs, die wir erkundet und verworfen haben, einmal eine ganze Tour, an die wir uns gerne erinnern: zum Spaß. Harald Schlüter schließlich begleitete mich durch den Kölner Dom und klärte mich über viele Details auf, die normalerweise eher übersehen werden. Die Wege, wie sie hier beschrieben worden sind, sollten nicht nur schön sein, sondern, wie die Tippeltouren, lange brauchbar. Wo sich dennoch Änderungen eingeschlichen haben, wäre ich wie stets für einen Hinweis dankbar:

> Peter Squentz
> c/o J. P. Bachem Verlag
> Ursulaplatz 1
> 50668 Köln

Köln, im Frühjahr 2001   Peter Squentz

Tippeltour 1:

Süß duften die Rosen am Wegesrand

Der heilige Franziskus mochte mit den Vögeln jeglichen Gefieders reden; die Franziskaner an der jungen Wupper aber mieden jeden Umgang mit der Wittenberger Nachtigall, und Wipperfürth blieb gut katholisch. Das mochte günstig für das Jenseits sein, im Diesseits war es manches Mal beschwerlich. Die Wipperfürther Kirche von Sankt Nikolaus war weit; ein, zwei Stunden für die Bauern auf den fernen Höfen, bis zu fünf für Katholiken aus der benachbarten Mark, wo die meisten ebenfalls den reformierten Glauben angenommen hatten.

So stiftete denn 1723 der Kölner Domherr Heinrich II. von Mering hart an der Grenze nach Westfalen eine eigene Mission. Zwar klagten bald der Bürgermeister und der Stadtrat über Schwund im Wipperfürther Gotteshaus, vom Klingelbeutel nicht zu reden: Das ungeliebte Kirchlein aber blieb, und 1853 wurde dieses „Kreuzberg" gar vom Kölner Erzbischof zur eigenen Pfarrei erhoben. Was jetzt noch fehlte, wuchs seit 1867 in den Himmel: Die Kirche St. Johannes Apostel und Evangelist, gebaut vom Kölner Dombaumeister Vincenz Statz, ein wahrer Zeigefinger Gottes, schon mit seinen Fundamenten 375 Meter hoch und deshalb weit und breit zu sehen, Ausgangspunkt und Ziel für diese Tippeltour.

Vom Parkplatz gegenüber dem Liebfrauenkloster von 1926 gehen wir am „Klosterhof" vorbei und auf die Kirche zu. Ihr gegenüber folgen wir dem Sträßchen „Neyegrund" nach links, wo unser Wendepunkt schon ausgeschildert ist: „Egen", fünf Kilometer weit entfernt. Der Weg ist anfangs durch ein Kreissymbol markiert. Wir kommen gleich zum Ort hinaus und folgen dann der Zufahrt in die Hofstatt „Hackenberg". Es geht vorbei an einem kleinen Kreuz von 1782 und durch den Hof mit seiner großen Linde. Rund 100 Meter weiter gabeln sich die Wege: Hier halten wir uns links und zwischen Weidezäunen weiter mit dem Kreis. 200 Meter dahinter, wo der Weg sich wieder gabelt, halten wir uns rechts und kommen in den Wald und in der Böschung dann hinab. Unten, vor dem Bachtal, vereinigt sich unser Weg mit einem zweiten; wir

Weg bei Gardeweg

bleiben wieder links und wandern weiter in derselben Richtung.
Vor uns schimmert schon die Neye durch die Blätter. Nach weiteren 200 Metern erreichen wir im Tal einen Dreiweg. Noch einmal
gehen wir nach links und folgen weiterhin dem Kreis, zu dem sich
hier auch ein Quadrat gesellt. Rechts ist der Bach zu Teichen
dicht an dicht gestaut, auf die wir bald hinunterblicken können.
Dahinter stoßen wir bei einem Wehr und einem kleinen Bruchsteinbau auf ein Wegekreuz: Hier gehen wir nach rechts, quer
durch das Tal des Bachs, der wenig unterhalb zum Neyesee gestaut ist, vorbei an einem Blockhaus von 1988 und folgen, wo das
vertraute Kreissymbol nach links weist, nun rechts dem asphaltierten Weg „A 4", der uns im folgenden das größte Stück des
Wegs begleitet.
Im Duft der Rosenhecken führt ein kleiner Fahrweg aufwärts und
um das Gehöft Hülsen herum, am Hühnerhof vorbei und weiter
aufwärts durch das kultivierte Land. Oben, wo der Zaun zur Linken endet, schwenkt der Weg ein wenig rechts und knickt darauf
vor einer Holzbarriere scharf nach rechts. Nach 150 Metern folgen wir dann vor der Stromleitung dem gleichfalls asphaltierten
Querweg links und kommen durch das letzten Waldstück an die
Höhenstraße mit einem großen betonierten Kreuz. Zwei Kilome-

ter hinter uns entdecken wir den spitzen Turm von Kreuzberg, vor uns, und nicht ganz so weit entfernt, die Turmspitze von Egen. Dazwischen nichts als Grün und ein paar Bauernhöfe, halbhoch zwischen Wind und Wasser an den alten Höhenwegen.
Wir gehen weiter mit dem Weg „A 4" und finden vor dem Gehöft Platzweg eine Holzbank für die Rast. Unser Weg führt links am Hof vorüber und weiter mit dem festen Weg, aufs neue abwärts durch den Wald ins Tal der Lüttgenau, wo die Wasser in die Bevertalsperre fließen. Vor dem Bachlauf gabelt sich im Tal der Weg. Wir gehen links und wieder aufwärts durch die schöne Wiesenlandschaft. Beim Wiedereintritt in den Wald bringt unser Weg uns sacht nach links und schließlich an die Landstraße heran. Hier gehen wir ein Stück nach rechts, gut 100 Meter weit, und folgen dann dem Waldweg links bis an den Waldrand oberhalb der Hofstatt Kirchenbüchel. Am Waldrand unter großen Eichen steht ein Kruzifix von 1913. Dahinter folgen wir nun rechts dem Weg „A 4" am Waldrand entlang.
Wo der Wald zur Rechten endet, sehen wir den Zwiebelturm von Egen als Ganzes wie ein unverhofftes Bild vor uns. Wir gehen weiter durch die Wiesen bis zur Straße mit dem Sportplatz und dem kleinen Friedhof, der an allen vier Ecken von Linden begrenzt ist. Rechts kommen wir dann in den Ort, das kleinste Dorf von Wipperfürth, kaum mehr als eine Handvoll Häuser längs der

Blick auf Kirchenbüchel

Straße, die an der Kirche einen leichten Knick macht, so dass es scheint, hier sei im Ort sogar ein kleiner Platz. Auch in Egen, wie zuvor in Kreuzberg, grüßt ein Florian vom Haus der Feuerwehr. Schon um 1620 gab es auf der Höhe, nah der Grenze zu Westfalen, hier die Hofstatt „Eigen", zwei Stunden Wegs von Wipperfürth entfernt. Das war doppelt so weit wie von Kreuzberg: So hatte man in Egen also doppelt Grund, sich eine eigene Kirche zu wünschen, zumal von allen Seiten protestantische Gemeinden lockten – oder drohten. Es gab auch eine Schule für die Kinder der Umgebung, eine Klasse, einen Lehrer für die Klassen eins bis acht. Sie alle taten sich zusammen mit den Nachbarn und bauten 1849 diese Kirche (gut katholisch: „Zur Unbefleckten Empfängnis"), damals noch mit einem kleinen Viereckturm. Am 8.9.1851 wurde sie geweiht und 1871 endlich auch zur Pfarrkirche erhoben. Die große Lösung für den zwiebelrunden Turmhelm, die wir heute noch bewundern, kam erst mit neuem Geld im Jahre 1911 dazu.

Damals schon gab es gegenüber der Kirche die Gaststätte „Wigger", in der wir uns mit Waffeln stärken. Dann machen wir uns wieder auf den Weg, der nun auch mit Andreaskreuz („X") markiert ist. Wir sind jetzt auf der Straße „Schwenke" und verlassen den Ort in Richtung „Hohenbüschen". Wo sich der Fahrweg gabelt, halten wir uns rechts in Richtung Beinghausen („A 4", „X"), kommen sacht hinab und auf die Hofstatt zu und folgen dann am Umsetzer „Platzweg" rechts dem asphaltierten Weg. Bei einer einzelnen Eiche verläßt uns der „A 1" nach rechts über die Weide, wir bleiben auf dem Fahrweg und kommen wieder durch das Tal der Lüttgenau, wo die Rinder sich am Zaun versammeln, als sei es ihre Stunde für die abendliche Heimkehr.

In der kühlen Böschung eines Fichtenwaldes steigt der Weg dann wieder an und bringt uns oben durch die Hofstatt Gardeweg. Links, am Kruzifix der Eheleute Koppelberg von 1877, kreuzen wir die Straße und wandern weiter durch die Wiesen, rechts und unterhalb vorbei am Haus Gardeweg 3 von 1933. Der Fahrweg bringt uns in das nächste Tal, wo rechts bald ein Waldstück beginnt. Als unser Weg dann vollends in den Wald tritt, gehen wir nicht links und auch nicht rechts, sondern geradeaus im Schwenk vorbei an einer großen Linde, an deren Stamm wir unser Zeichen sehen („X").

Dahinter überqueren wir den Bach und stoßen dann am Fuß der Böschung auf einen Querweg. Auf einem Pflock sind viele Wege angezeigt; wir gehen weiter links mit dem Andreaskreuz und steigen aufwärts bis zur Hofanlage Forste an der Straße. Links verschwindet unser Wanderweg („X") nun zwischen Haus und Scheune. Wir gehen mit der Straße ein paar Schritte rechts und biegen an der Schulbushaltestelle in der Biegung in den ersten Fahrweg auf der linken Seite ein. Gleich nach dem frühen Linksknick folgen wir dem ersten Weg nach rechts, vorbei am weißen Bauernhof, der links im Stallbereich zur Hälfte grün verkleidet ist. Beim Blick zurück ist unser Weg nun deutlich als „A 2" signalisiert, daneben weist er auch ein undeutliches „H" auf. Wir kommen durch den Hof und wandern weiter durch die Weiden auf den Wald zu.

Wo wir auf das Waldstück stoßen, halten wir uns geradeaus. Dahinter geht es noch einmal im Grünland sacht hinab und dann mit Linksschwenk in das nächste Waldstück und hinauf. Hier bringt der Weg uns leicht bis auf den Rücken, wo wir einen Querweg kreuzen und halbrechts hinuntersteigen. Unten überqueren wir den Neye-Bach („A 2") und steigen durch das letzte kleine Waldstück wieder an. So kommen wir nach Ritterlöh, eine alte, ehemals auch ritterliche Siedlung, wie ihr Name ahnen lässt. Hier stehen ein Fuchs und ein Schimmel am neuen Koppelzaun und grüßen uns mit leichtem Schnauben; irgendwo dahinter schreit ein Pfau.

Vor Haus 8 mit einem grauen Kruzifix daneben erreichen wir den Fahrweg, gehen rechts und kommen links hinauf, zurück nach Kreuzberg, an die Straße. Die Siedlung hat einmal mit der Mission als Straßendorf begonnen, jetzt ist der halbe Hang bebaut, und zusammen mit Kupferberg im Tal ist Kreuzberg heute der größte Ortsteil der ältesten bergischen Stadt.

Kurzbeschreibung Tippeltour 1

Weglänge: gut 10 km.

Anfahrt: Über B 506 nach Wipperfürth, von dort durch den Ort in Richtung Halver, Lüdenscheid, doch schon in Wasserfuhr links hinauf bis Kreuzberg. Wanderparkplatz am Ortseingang rechts der Straße an der Feuerwehr, gegenüber dem „Klosterhof".

Wanderkarte:
1 : 25.000 Wipperfürth

Wanderweg:
Gegenüber der Kirche Sträßchen „Neyegrund" (Kreissymbol); durch die Hofstatt Hackenberg, bei Gabelung nach 100 m links, bei nächster Gabelung nach 200 m rechts, hinab. Im Bachtal links und wieder links, bei Stauwehr rechts und weiter mit „A 4". Durch Gehöft Hülsen, vor Holzbarriere rechts, nach 150 m wieder links bis zur Höhenstraße mit Betonkreuz. Geradeaus weiter „A 4", links an Hofstatt Platzweg vorüber, durch Bachtal hinweg und an Landstraße heran. Gut 100 m rechts, dann scharf links bis Kruzifix von 1913, rechts am Waldrand weiter und an die Landstraße vor Egen („A 4"). Rechts durch Egen und weiter mit Weg 7 (Andreaskreuz), bei Gabelung des Fahrwegs rechts und weiter mit „X" bis Gardeweg. Weiter mit Andreaskreuz bis Forste, auf der Straße rechts und mit „A 2" weiter, durch Waldstück, Neye-Bach überqueren und über Ritterlöh zurück nach Kreuzberg.

Einkehrmöglichkeiten:
Hotel „Klosterhof" 0 22 67-49 37 (Mittwoch Ruhetag)
Gaststätte Wigger 0 22 67-48 30

Auskunft: Wipperfürth 0 22 67-6 43 36

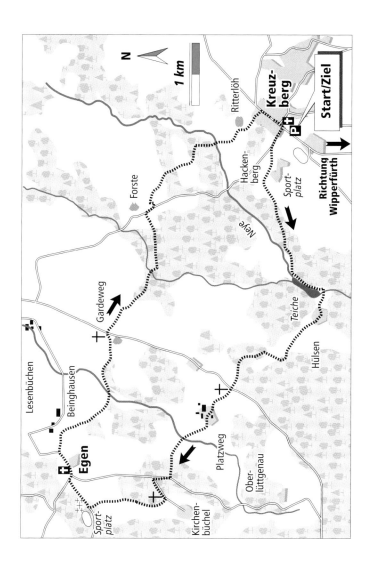

Tippeltour 2:
Wo die Türme Trauer tragen

Bronze ist geduldig, und 700 Jahre sind eine lange Zeit: 1225, am 7. November, war Engelbert II., Graf von Berg und einer der mächtigsten Männer des Reiches, bei Gevelsberg in einem Hinterhalt erschlagen worden. „Sein Leichnam bot einen erbarmungswürdigen Anblick", schrieb sein Biograph Cäsarius von Heisterbach, „sein Schädel war zertrümmert, und 47 Dolchstiche durchbohrten seinen Körper." Mag sein, dass einige davon auch fromm erfunden waren, um aus einem Totschlag Mord und aus dem Toten einen Märtyrer zu machen. Die Schädelwunden aber sind belegt: Noch 1978 untersuchten Gerichtsmediziner den Toten im Kölner Engelbertsschrein und bestätigten erhebliche „Berstungs- und Biegungsbrüche" in der Schädeldecke.

Seit der Chronik des Cäsarius („Vita Sancti Engelberti") wird Engelbert als Heiliger gehandelt, obwohl es niemals wirklich eine Heiligsprechung gab. Und in dieser liebgewonnen Erscheinung kehrte Engelbert dann 1925 in seine alte Residenz zurück: Als Denkmal, schlank und aufrecht, hoch zu Pferd und würdevoll entspannt, ein milder Herrscher nach dem Geist des Art Déco. Er war es, der die Burg hoch über der Wupper zum Schloß erweitern ließ und der das Kernstück der bergischen Macht zum Herzstück einer kurzen kulturellen Blüte machte, der letzte seiner Dynastie: Mit seinem Tod war das Geschlecht der Berger in männlicher Linie erloschen.

Das Reiterstandbild Engelberts ist das sichtbare Zentrum in Schloß Burg an der Wupper, für viele das Ziel ihres Ausflugs, für uns an diesem Tag der Ausgangspunkt. Vom Zwinger durch den Vorhof und das Grabentor zurück, folgen wir vom Parkplatz, unterhalb des Restaurants „Burghof", dem schmalen asphaltierten „Waldemar-Specht-Weg" den Burgberg hinab („A 5" in Richtung Sengbachtalsperre).

Es geht in einer Kehre durch die Kerbe eines Siefens und in der Böschung wieder aufwärts. Dann zweigt nach rechts der Weg „A 5" ab und bietet eine schöne Aussicht auf die Burg. Wir kommen bald auf ihn zurück, doch vorerst steigen wir noch 150 Meter geradeaus mit dem Andreaskreuz, verlassen diesen „Schlösserweg" („X") dann vor der Höhe und folgen rechts dem Weg zum „Diedrichstempel", vorbei an einem Denkmal für die Toten beider Kriege. Nur einen Steinwurf weiter steht ein Bauwerk wie ein Wehrturm auf Schloß Burg, flankiert von zwei Geschützrohren samt Kugeln vom falschen Kaliber. Auch dieser Turm trägt Trauer, doch ist nun allein den Toten des Bergischen Feldartillerieregiments 59 vorbehalten. Das hieß nach seinem Schlachtruf: „Roemryke Berge". Mit diesem Motto stürmten die ruhmreichen Berger zum erstenmal 1288 in der Schlacht bei Worringen gegen den vom Papst ernannten Erzbischof, damals schon hinter der neuen Fahne derer von Berg: Engelbert hatte die Rose im Wappen geführt, sein Nachfolger, Heinrich vom Limburg, Gegner von einst und Nutznießer des Anschlags, brachte den roten Löwen von Limburg nach Burg, und der wurde überall heimisch als „Bergischer Löwe".

Wir folgen nun dem Weg hinab (der in Gegenrichtung als „A 1" markiert ist) und durch einen Riegel Fichten, dann schwenkt er als ein Pfad nach rechts und führt uns abwärts bis auf den bequemen Weg „A 5". Hier gehen wir nach links und erreichen bald darauf hoch über der Böschung der Wupper in der Kehre des Wegs den „Diedrichstempel", einen hübschen Aussichtspavillon. Der Fernblick ist hier auf die Burg und die Wupper gerichtet, in seiner Kuppel sehen wir dazu die Wappen der bergischen Städte

Schloss Burg

Burger Bronze-Brezeln

von „B" wie Burg bis „W" wie Wuppertal – nur echt und bergisch mit dem Löwen. Dazu ein wenig Heimatkunde: „Freu' dich, wack'rer Berger / Deiner Heimat hier! / Danke Gott, der dir sie schenkte. / Jetzt und immerdar dafür!"
Wir wandern weiter mit dem breiten Weg „A 5", sacht abwärts in der Böschung. Unten geht es über einen Siefenlauf hinweg. Hier verlassen wir den Weg „A 5" und folgen vor der Böschung mit dem Fichtenhochwald dem breiteren Weg nach rechts (nicht nach rechts hinab ans Wasser!). So geht es links und um den Berg herum, dann über einen Weg hinweg, der nach rechts hinab zur Wupper führt und links hinauf zur Sengbachtalsperre. Hier stellt sich nun auch unser Weg mit Namen vor als „Lukasweg"; mit einem Winkel führt er ohne Steigung weiterhin am Fuß der Böschung geradeaus.
Nach einem Dreiviertelkilometer wird die Böschung steil; hier kommen wir zum Wald hinaus, entdecken noch einmal die Burg und tief im Tal das große Klärwerk, hinter dem die Wupper dankbar in die Tiefe fällt und sich nur wenig weiter teilt. Von links kommt bald der Weg „A 4" zu unserem hinzu, rund 100 Meter weiter verlassen wir den breiten Weg und steigen rechts mit dem Winkel hinab bis in den Auwald nah am Fluss („A 4", in Gegenrichtung markiert). Am stillen Seitenarm der Wupper geht es entlang bis an die Strohner Brücke mit den Wasserwerksbauten von

Glüder dahinter. Hier wird das Wasser der Sengbachtalsperre aufbereitet, die gemeinsam mit der großen Dhünntalsperre Solingen das Wasser reicht. Teile der Mechanik der alten Wasserreinigungsanlage von 1903 sind frisch lackiert am Rand der Wiese ausgestellt, Flachschieber und Ringkolbenschieber, Stirnzahnräder, Kegelräder und Zylinderschnecken.

Wir überqueren nun die Wupper, vorbei am Tierheim Glüder auf der Insel, und steigen dann am rechten Wupperufer mit dem Weg, der durch ein umgekehrtes „T" markiert ist, den Bachlauf, der uns hier entgegenkommt, hinauf. (Wer es bequemer wünscht, überquert schon hier den Bach und geht erst dann im Bachtal aufwärts). Bald tritt der Weg „N" hinzu, wir wandern weiterhin dem Bach entgegen, bis wir das schöne Fachwerkhaus der „Petersmühle" vor uns sehen. Nun gabelt sich der Weg, wir gehen rechts und kreuzen auf bereitgelegten Steinen den kleinen Wasserlauf. Dahinter geht es in der Böschung links bis an die Toreinfahrt heran. Hier wenden wir uns rechts und folgen nun dem asphaltierten Fahrweg („N"), vorbei an den Aufschlüssen 12 und 11 des erdgeschichtlichen Wanderwegs. Nach 400 Metern erreichen wir ein Wegdreieck; hier geht es links im spitzen Winkel mit dem Fahrweg weiterhin hinauf. 250 Meter später dann verlassen wir den asphaltierten Weg und folgen rechts dem gestreuten Weg „N" in den Wald. Vorbei an einem Querweg, geht es auf der Höhe gera-

Im Zickzack zurück

Schieber, Schnecken und Zylinder

deaus und auf die Wupper zu. Ehe das Gelände abfällt, schwenkt
der Weg nach links. Dann weist ein Hinweisstein nach rechts
„zum Lönsdenkmal". Hoch am Oberrand der steilen Böschung
geht es gleich darauf nach links bis an die halbrunde Grau-
wackekanzel am Weg. Ein großer Monolith hält uns den Bronze-
kopf von Hermann Löns entgegen wie Salome den des Johannes. Auf der Rückseite des Steins sind andere Tote des ersten
Weltkriegs aufgezählt, fünf Solinger, je einer aus Ohlings und aus
Leichlingen, dazu ein kleineres Postscriptum für den zweiten
Krieg.
Wir wandern weiter auf dem Weg am Böschungsrand, dann mit
dem Hinweisstein nach links und an die Straße auf der Höhe. Mit
dem Fußweg gegenüber gehen wir nach rechts. Bevor der Wald
beginnt, schwenkt der Weg „N", auch „X", nach links ins Land-
schaftsschutzgebiet und erreicht nach reichlich einem Kilometer
das Gasthaus „Wiesenkotten" an der Wupper. (Von dort geht man
dann wupperabwärts auf dem linken Ufer zurück über die „Müngstener Straße" bis Unterburg). Wir wandern mit der „Burger Landstraße" weiter bis an den Wanderparkplatz in der Biegung und
folgen von der Schranke dem Waldweg auf dem Rücken des
Berges („X"). Es geht vorbei an einem alten Bolzplatz mit einer
Wallanlage gegenüber, die noch älter ist, dann weiter geradeaus
und dabei sacht hinab. Tief unten sehen wir die Fachwerkbauten

längs der Wupper um die evangelische Dreieinigkeitskirche von 1732.

Der Weg schwenkt rechts und wieder links und zeigt uns auch den Rest des Ortsteils Unterburg. So erreichen wir die „Solinger Straße" gleich gegenüber dem alten Rathaus. Von hier aus schwebt die Seilbahn komfortabel auf die Höhe (bis 31.12. allerdings außer Betrieb). Wir gehen links, vorbei an der O-Bushaltestelle und über die Wupper, und kommen mit der „Schloßbergstraße" rechts über den Eschbach hinweg, der hier sein Ziel erreicht hat, mitten in das Fachwerkherz des alten Orts. Hier treffen wir dann vor der Stadtsparkasse auf einen tippelnden Doppelgänger aus Bronze. Der freilich wandert ganz und gar nicht zum Vergnügen, sondern bringt in seiner Kiepe die Burger Bronze-Brezeln an den Mann.

Vorbei an alten Fachwerkhäusern, geht es weiter mit der „Schloßbergstraße", vor Haus 20 links, dem Hinweis nach. Dann nehmen wir bei Haus 35 den Fußweg nach rechts, im Zickzack auf den Berg, zurück zu Engelbert von Berg, der wie am Morgen segnend seine Rechte hebt. Mag sein, dass er als Heiliger selbst seinem Mörder noch verziehen hätte. Doch dem saß längst der nächste Kölner Erzbischof im Nacken, und so überlebte er die Bluttat nur um ein Jahr. Dann wurde er in Lüttich aufgegriffen und nahe Köln aufs Rad geflochten, an einem Ort, der heute noch in Henkers Namen nach dem Rädern heißt: Köln-Raderberg.

Kurzbeschreibung Tippeltour 2

Weglänge:
ca. 9 km; mit dem Abstecher zum „Wiesenkotten" gut 10 km.

Anfahrt:
Mit der Eisenbahn bis Solingen-Ohlings und mit Bussen 681 und 683 bis Unterburg. Oder mit der Eisenbahn bis Schaberg (Müngstener Brücke) und mit Wanderweg 29 („X") bis „Wiesenkotten". Mit dem Auto über A 1 bis AS Wermelskirchen / Schloss Burg. Gebührenfreie Parkplätze in Oberburg über die Straße „In der Planke" und die „Talsperrenstraße" erreichbar. Gebührenpflichtiger Parkplatz vor dem Grabentor der Burg.

Wanderkarte: 1:25.000 Wermelskirchen

Wanderweg:
Vom Parkplatz vor der Burg „Waldemar-Specht-Weg" hinab („A 5"). Mit Wanderweg 19 („X") weiter („A 5" dabei verlassen) und Abstecher zum Kriegerdenkmal, ‚von dort „A 1" hinab bis wieder auf „A 5" mit „Diedrichstempel". Weiter mit „A 5", in der Böschung abwärts, über Siefenlauf hinweg, „A 5" verlassen und rechts und in der Böschung weiter mit dem „Lukasweg" (Winkel) bis Strohn. Rechts mit umgekehrtem „T" über die Wupper und Bachlauf hinauf, vor Petersmühle Bachlauf überqueren, links bis an die Toreinfahrt. Nun rechts mit „N" und geologischem Wanderweg, nach 400 m Dreiweg: Hier im spitzen Winkel links, nach 250 m rechts „N", über der Wupper Abstecher zum Löns-Denkmal. Weiter auf dem Böschungsrand bis zur Straße (ggf. mit „N" weiter bis „Wiesenkotten" und auf dem linken Wupperufer zurück). Ansonsten auf der „Burger Landstraße, rechts bis an den Wanderparkplatz und mit Weg 29 („X") über den Bergrücken hinab. Unten links, über die Wupper, mit der „Schlossbergstraße" über den Eschbach hinweg und dem Hinweis folgend hinauf nach Oberburg.

Einkehrmöglichkeiten:
in Burg zahlreich; „Wiesenkotten" (Montag Ruhetag) 02 12-4 32 34.

Auskunft: Schloss Burg, Bergisches Museum Tel. 02 12-4 20 98/ 99; Stadt Solingen 02 12-2 90 23 33

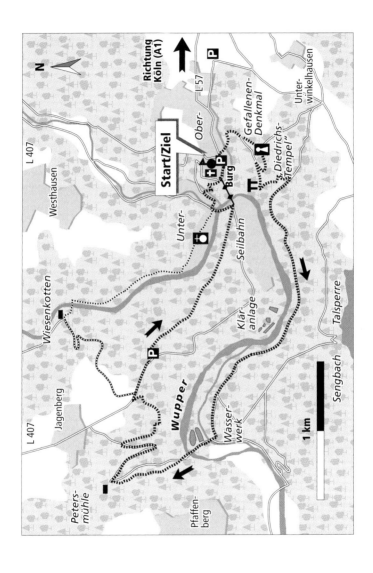

Tippeltour 3:

Das Tal der versunkenen Dörfer

Es war einmal ein Müller, der hieß Konrad. Dem gingen die Geschäfte schlecht, denn alle seine Kunden kauften längst ihr Mehl im Supermarkt. Er hatte keine Söhne, keinen Kater, aber eine zündende Idee: vom Korn verlegte er sich auf das Mehl, gab Milch hinzu und rührte Eier in den Teig. So wurde aus der Coenen-, also „Konrads-"mühle unterhalb von Dabringhausen – die „Pfannkuchenmühle".

Doch ohne Mühe wendet sich das Glück vielleicht im Märchen, nicht in Wirklichkeit. Bis um die Mitte unseres Jahrhunderts fuhr der Müller Aloys Pfeifer noch mit dem Pferd das Brot aus, dessen Mehl er selbst gemahlen hatte. Dann allerdings verkaufte er die Mühle an die Stadt, und nach einem Wirtshaus-Intermezzo wurde aus der alten Coenenmühle, erbaut im kühlen Grund auf einem Fundament aus festem bergischen Gestein nebst einer Baugenehmigung vom 11. Juni 1666, inzwischen auch als Baudenkmal geschützt, die „Pfannkuchenmühle".

Vom Parkplatz oberhalb der Mühle verfolgen wir den Wanderweg am alten Obergraben und sind gleich links im Wald („A 1" und „A 2"). Wo hier der asphaltierte Waldweg mit dem Winkel ansteigt, halten wir uns geradeaus und wandern oberhalb von Tennisplätzen weiter mit dem Weg „A 2". Gleich zweigt ein Weg nach rechts ab und durchquert das Bachtal; wir bleiben weiter geradeaus mit dem „A 2", kommen oberhalb des Freibads in der Böschung weiter und dem Lauf des Linnefe-Bachs entgegen. Bei der Gabelung der Wege halten wir uns rechts, steigen also nicht hinauf, passieren einen Fischteich und erreichen eine Lichtung. Es geht an einer Bank vorbei, dann steigt der Weg schon wieder an und führt uns in der Böschung durch den Wald, bis wir zwischen Einzelhäusern bei einer Eiche auf die kleine Kreisstraße stoßen.

Hier halten wir uns links und wandern mit der Fahrbahn an der Hofstatt Plettenburg vorüber. Das Fachwerkhaus ist an den Wetterseiten grau verschiefert, erst beim Blick zurück erschließt sich uns das stattliche Ensemble. Als Plettenburg hat hier am Bach

Hindenburgturm

einmal ein festes Haus als Adelssitz gestanden, gerüchteweise schon im 15. Jahrhundert, mit Hinweis auf den 4.3.1561 urkundlich belegt und einem „Bertram von Plettenberg" zugeschrieben, 1608 schließlich hat ein „Junker Aleff von Alberg uff der Pletten-

Im Tal des Linnefe-Bachs

burg" das Sagen. Später sprach man in der Gegend nur noch von der Plettenburger Mühle, zu der der Graben und die Teichanlage oberhalb gut passen.

Bereits nach einem Viertelkilometer macht das Sträßchen eine enge Kehre; hier gehen wir nach rechts in den gesperrten Hohlweg. („A 2", in Gegenrichtung markiert). Es geht im Wald hinab, dann überqueren wir den Bach und wandern weiter, seinem Lauf entgegen. In der Höhe eines Fischteichs führt ein Weg nach rechts hinauf, wir bleiben geradeaus im Tal auf dem „A 2", und geradeaus auch, als wir dann die eingezäunte Teichanlage hinter uns gelassen haben.

Es geht durch Buchenwald und Eichen, nah am Waldrand in der Böschung aufwärts, bis wir hinter einem hölzernen Schutzpilz den Wald verlassen. Nach etwa 20 Metern auf der freien Höhe gabelt sich der Weg; nach links verläuft nun der „A 2", wir halten uns ein wenig rechts und mit dem Feldweg auf zwei kleine Eichen zu. So erreichen wir am Rand von Grunewald die Höhenstraße. Links liegt der Ort mit seiner „Schnitzelpfanne" und der Kirche. Wir kreuzen hier die Fahrbahn und steigen gegenüber geradewegs hinab, vorbei an einem eingezäunten Bolzplatz, zum Ort hinaus und zwischen Weidezäunen weiter abwärts.

Links liegt über einer grünen Mulde Großfrenkhausen. Es geht entlang an einem kleinen Waldstück mit sattem Ilexgrün am Boden, dann mittendurch auf einem unmarkierten Weg, im Schwenk halbrechts hinunter in ein kleines Bachtal. Dort überqueren wir den Wasserlauf und folgen ihm gleich mit dem ersten Querweg in der Böschung rechts.

Für einen Dreiviertelkilometer streben wir nun mit dem Bächlein um die Wette der Dhünntalsperre zu, dann erreichen wir einen breiteren Weg in seiner spitzen Kehre. „Frenkhausen" steht auf einem Hinweisschild: Von daher kommen wir. Links geht es aufwärts bis zum Parkplatz „Dahl", wir aber wandern geradeaus zur „Großen Dhünntalsperre" und weiterhin am Bach entlang. Der Weg führt rings um Wermelskirchen und ist als Rundweg nun mit einem Kreis markiert.

Wo wir gleich darauf den Bachlauf überqueren, liegt unterhalb des Wegs im Schutz der Wasserschutzgebietsverordnung die Uferzone der Großen Dhünntalsperre und unterscheidet, wie wir lesen können, Wanderer von „Unbefugten", damit kein Wässerchen getrübt wird. Seit 1975 wurde hier gebaut, zehn Jahre lang; auch unser Weg ist dabei eingerichtet worden. Seit 1988 ist die Große Dhünntalsperre in Betrieb, mit 81 Millionen Kubikmetern Fassungsvermögen bei 440 Hektar Wasseroberfläche und einer mittleren Abflussmenge von 42 Millionen Kubikmetern im Jahr die größte Trinkwassertalsperre Deutschlands, der Wasserlieferant für Remscheid, Wuppertal und Solingen und ein paar Kunden mehr, darunter auch die Dhünn, deren Lauf sie reguliert.

Der Wald ist mit einzelnen Kiefern durchsetzt. Der gut gestreute Weg steigt an, dann sehen wir das Wasser vor uns in der Sonne glänzen. Nach mehr als einem halben Kilometer kommen wir an einen Dreiweg: Neu ist rechts der Hinweis auf den Parkplatz „Schlagbaum". Wir wandern weiter geradeaus und auf und ab und finden einen halben Kilometer später wieder einen Hinweis auf den Parkplatz „Schlagbaum" an der stillen Höhenstraße. Dorthin führt das Kreissymbol. Wir aber halten uns hier links und wandern weiterhin in Richtung „Staudamm". Bald kommen wir zum Wald hinauf und machen in der Sonne Rast auf einer Bank vor einer Vogelhecke. Am nächsten Waldrand knickt danach der Weg nach rechts, steigt an und bringt uns schließlich zwischen Weidezäunen an den Fahrweg auf dem Rücken einer kleinen Höhe. Rechts liegt der Weiler Forthausen, den seine frühen Siedler ahnungslos, doch glücklich hoch genug begonnen haben. Zur Linken folgt noch, was von Schaffeld stehenbleiben konnte; der Rest ist fort – wie auch die nächsten kleinen Dörfer: Schirpendhünn und Kesselsdhünn, einst schön im Tal der Dhünn gelegen, jetzt an die dreißig Meter unter ihrem Wasser.

Wir gehen hier nach rechts, wandern durch Forthausen und haben dann bereits das nächste Ziel vor Augen. Vom Gasthaus an der Höhenstraße lesen wir zunächst das „Zum" über der Tür und haben keinen Zweifel, was das heißt: „Zum Hindenburgturm". Das bergische Fachwerkgebäude neben dem wehrhaften Grauwacketurm ist in seinem Innern durch Bambusholz und ein paar Fächer aus Papier ins Asiatische verwandelt worden. Zwar gibt es „Bismarck" auf der Karte und „Hindenburg Sour", ansonsten aber eher scharf Gewürztes aus Fernost, und der gerahmte Herr an der Wand kommt trotz seines Schnauzbarts aus Thailand, nicht aus Tannenberg.

Der freundliche Wirt versorgt uns mit dem Schlüssel, so können wir hinauf. Der Wasserturm von 1928 war einst der ganze Stolz des Landkreises Lennep und trägt noch heute dessen Wappen. Bei guter Sicht, so damals der Wasserleitungsverband Ketzberg, sei dies einer „der schönsten Rundblicke im Bergischen Land". Heute ist es eher trüb, wir sehen gerade Remscheid auf der Höhe, und dennoch ist der Fernblick schöner als das triste Innere des Turms. Vielleicht bekommt er eines Tages ein Pagodendach, damit er nicht noch mehr verkommt.

Dann steigen wir hinab, vorsorgen den Schlüssel im Hausbriefkasten des Lokals und wandern auf der Höhe weiter: am Turm vorbei, noch 150 Meter weit in Richtung Käfringhausen, dann links hinab nach Ketzberg, auch hier noch dem Kreissymbol nach. Der Weg knickt links, wir wandern durch den kleinen Ort, vorüber an der Gaststätte „Alt-Ketzberg" von 1869.

So geht es mit der Straße weiter bis in die scharfe Linkskehre, dort bringt uns dann der Fahrweg nach rechts („zu den Häusern 58–74"), schon in der ersten Biegung steigen wir links über hölzerne Bohlen hinab bis an den Zaun des Freibads. Wir gehen links am Zaun entlang und rechts hinab bis an den Eingang und das Kassenhäuschen. Noch einmal halten wir uns links und steigen dann zum letzten Mal nach rechts hinab, hinweg über den Linnefe-Bach und links zurück zu Konrads alter Mühle.

Kurzbeschreibung Tippeltour 3

Weglänge: knapp 9 km.

Anfahrt: A 1 bis AS Burscheid, auf der B 51 links in Richtung Hilgen, nach 1, 5 km (hinter Extramarkt) rechts ab nach Dabringhausen; dort Umgehungsstraße kreuzen, im Ort rechts hinab in Richtung Schwimmbad bis zum Parkplatz vor der Coenenmühle. (2. Parkplatz gleich darauf rechts der Straße). Mit dem Bus 434 von Köln, Wiener Platz, bis ins Wandergebiet. Auskunft VRS 0221-208080.

Wanderkarte: 1 : 25.000 Wermelskirchen oder 1 : 25.000 Kürten

Wanderweg: Vom Parkplatz oberhalb der Mühle mit „A 2" in den Wald, nah am Bach zur Hofstatt Plettenberg und an die Straße heran und links hinauf. Nach 250 m in Hohlweg rechts („A 2"), zum Wald hinaus. 20 m dahinter „A 2" verlassen und weiter geradeaus, bei Grunewald die Kreisstraße kreuzen und abwärts. Im Taleinschnitt Bachlauf überqueren und gleich dahinter rechts. Nach 750 m Gabelung, hier weiter mit dem Bachlauf (Hinweis „Dhünntalsperre"), bald den Bach überqueren und weiter (Kreissymbol). Auf dem breiten Weg in der Uferböschung des Sees immer weiter in Richtung „Staudamm" bis auf die kleine Fahrstraße. Nun rechts und über Forthausen zum Hindenburgturm. Nach dem Aufstieg auf der Straße 150 m weiter, dann links hinab durch Ketzberg (Kreissymbol). Hinter dem Ort in der scharfen Linkskehre Straße nach rechts verlassen, Zufahrt zu den Häusern 58–74 in der Biegung ihrerseits nach links verlassen, links um Schwimmbad herum, über den Bach hinweg und links zurück.

Einkehrmöglichkeiten: „Coenenmühle" täglich geöffnet, Tel. 0 21 93-30 83; „Zum Hindenburgturm" mittwochs geschlossen (0 21 93-7 83). „Alt-Ketzberg" hat sehr unregelmäßig geöffnet (0 21 93-33 70). Weitere in Dabringhausen.

Auskunft: Wermelskirchen-Dabringhausen 0 21 96-71 01 03, Wupperverband (für Dhünntalsperre) 02 02-58 32 37.

Der Hindenburgturm ist während der Öffnungszeiten des Lokals zu besteigen.
Der Weg lässt sich um 2 km verlängern, wenn man vor Forthausen links statt rechts geht und dem Weg an der Talsperre (in Richtung „Staudamm") über Schaffeld bis nach Lindscheid folgt, dort mit dem Wanderweg 29 („X") rechts und mit dem Weg 8 (Winkel) rechts und bachaufwärts zurück bis zur Coenenmühle. (Vgl. Karte)

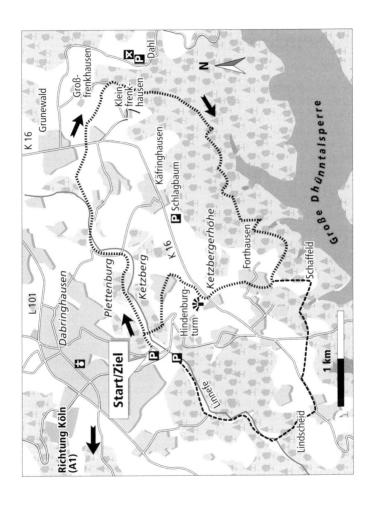

Tippeltour 4:

Wo einst der Rasende Homburger fuhr

Im alten Hammerwerk zu Bielstein hatte einst der Teufel so lange in der Nacht gelärmt, gehämmert und getobt, dass selbst der Meister keinen Fuß mehr in die Schmiede setzen mochte. Das Hammerwerk verfiel und ging zuletzt für wenig Geld an einen Unternehmer aus der Nähe, der an derselben Stätte eine Spinnerei und Reißerei errichten ließ. Das war im Jahre 1871: Gründerzeit. Der Gründer hieß Ernst Kind und kam aus einer alten Jackenstrickerdynastie im nahen Hunstig. Kaum 25 Jahre später ging es freilich auch mit dem Textilgewerbe an der Wiehl den Bach hinab, und diesmal tippte niemand auf den Teufel. Ernst Kind hielt stand und wechselte die Branche: Mit fünfzig Jahren machte er aus seinem unrentablen Unternehmen eine Brauerei. Das war aus mehr als einem Grund erstaunlich, denn erstens trank er selbst am liebsten Wein, und zweitens fällte er die zukunftsträchtige Entscheidung in Bielstein im „Haus Kranenberg". Und doch: auf den Tag genau, am 5. September 1900, gab es das erste Prost mit Bier der neuen „Adler-Brauerei". Die Jahresproduktion belief sich 1901 bereits auf 15.000 Hektoliter. Heute sind es jährlich mehr als 200.000, und Bielstein gilt mit gutem Recht als „Bierdorf".

Den Adler hatte man schon 1936 aufgegeben, nicht dem Reich und seinem Wappentier zuliebe, doch einer Kölner Brauerei desselben Namens. Seit 1974 führt der Betrieb den Namen „Erzquell" und erinnert damit gleichermaßen an das Wasser wie den Hammer. Nur nicht an den Teufel.

Das Wasser, das sich vor dem Sudhaus durch die grüne Wiese schlängelt, ist der Ülpebach auf seinen letzten Metern unterwegs zur Wiehl. Dir Kupferkessel sieht er dabei nur von außen, denn ihr Wasser holen sich die Brauer aus einem eigenen Brunnen zu Mühlen. Der zweite Bach von Bielstein heißt einfach „Bach", auf Oberbergisch „Bech", und mündet einen halben Kilometer weiter östlich in die Wiehl. Dort machen wir uns auf den Weg, um von der Niederung der Wiehl die höchsten Höhen der Umgebung zu erreichen – und mit den schönsten Höhen auch den schönsten Blick.

Ohne Worte

Vom Wanderparkplatz „An der Mühle" mit dem Hinweis „Ringwall"
folgen wir dem Kreissymbol in den gesperrten Fahrweg „Zur
Fliehburg". Es geht vorüber an der alten Mühle, hinweg über „die
Bech" und unter der alten Eisenbahnunterführung hindurch, die
mit doppeltem Bogen den Fluss mitsamt dem Sträßchen über-
spannt. Dort oben fuhr seit 1915 eine Kleinbahn von Bielstein
nach Waldbröl, der „Rasende Homburger", denn sie ratterte auf
ihrem Weg auch am Fuß von Schloß Homburg vorbei.
Nur wenig weiter gabelt sich der Weg: Links geht es rasch nach
Wiehl, wir gehen rechts und steigen mit dem Kreissymbol des
Bielsteiner Rundwegs in der Böschung auf. Es geht vorüber an
den letzten Häusern und dann in Richtung „Linden 2 km". Zur Linken schimmert unter uns das Freibad an der Wiehl, dessen gut-
gelaunten Lärm wir nun schon lange hören. Es geht im Wechsel
durch Laubwald und durch Fichten, bald sehen wir zur Rechten
schon die freie Höhe. Hier oben ist „die alte Burg" als Boden-
denkmal nachgewiesen, ein frühzeitlicher Ringwall auf dem
Sporn des Rückens zwischen Bech und Wiehl. Wer immer aber
hier vor Zeiten siedelte: Bielsteiner waren es nicht, denn erst im
späten 18. Jahrhundert erhielt das Örtchen seinen Namen von
einem Nachfahren des Gründers und nach den „Bielsteiner
Höhlen" bei Warstein. Keine schlechte Wahl für ein künftiges
Bierdorf.

Am Start

Nach etwa einem Kilometer erreichen wir das Dörfchen Linden,
als Wohnstatt „Zu der Linden" schon 1443 schriftlich nachgewiesen. Hier hat unser asphaltierter Weg auch einen Namen: „Im
eisernen Berg". Das ist als Hinweis auf den Erzgehalt der Felsen
nur ein wenig übertrieben, denn bis zu 7 Prozent Eisenoxyd enthält das oberbergische Gestein, das einst im Tal der Wiehl verhüttet wurde.

Schon am Ortsrand, neben dem Neubau gegenüber dem weißen
Haus 14, verlassen wir auf Zeit den gut markierten Weg und
wählen links den geschotterten Weg, der spitzwinklig zurückführt.
Es geht vorbei an einer Koppel, in den Wald. Hier gabelt sich sogleich der Weg: Wir bleiben rechts, sacht steigend, und kommen
auf sandigem Boden zwischen Kiefern und Birken durch eine
enge Kehre rechts und wieder an den Waldrand, wo wir den Weg,
nun oberhalb von Linden, nach links verfolgen. Schon in der
freien Feldflur geht es geradewegs über ein Wegkreuz hinweg,
bei dem zur Linken eine Bank steht, eine von vielen auf diesem
gut geführten Weg.

Am Wegdreieck vor der Obstbaumwiese, zu der die Apfelschim-
mel passen, sind wir nun gut und gerne 100 Meter höher als im
Tal der Wiehl und genießen den Rundumblick auf die Höhen,
seien sie nun bergisch oder oberbergisch. Bergig sind sie allemal.
Wir gehen rechts am Grundstück entlang und kommen so nach
Hengstenberg. Auf der Straße („Im Mauren Garten") wenden wir

uns rechts, kommen bis an die Straße heran, die rechts hinab
nach Linden führt, folgen aber noch ein kleines Stück der „Hengstenberger Straße" weiter geradeaus. Dann nehmen wir das
Sträßchen „Im Hofwinkel" oder den „Heßklöhweg" nach rechts,
zum Ort hinaus.

Am Ortsrand mit dem kleinen Spielplatz im Schatten einer großen
Linde sind wir wieder auf dem Rundweg mit dem Kreis. Wir folgen
ihm halblinks, nur wenig steigend und am letzten Haus vorbei ins
Freie („Faulmert 1 km"). Nach gut 200 Metern weist uns der Kreis
am Telegrafenmast nach links und auf dem Wiesenweg am Weidezaun entlang bis an den Wald heran, an dem schon wieder
eine Bank bereitsteht für den fernen Blick.

Hier geht es geradeaus, am Wald entlang, vorbei an einem alten
Tümpel voller Seerosen, wo einst, 300 Meter hoch, solide Grauwacke gebrochen wurde. Wir folgen weiterhin dem Waldrand,
danach ein Stück noch geradeaus auf einem Wiesenweg am
Weidezaun und kommen schließlich an die Straße, die uns rechts
nach Faulmert bringt.

Gleich jenseits der Abzweigung des Sträßchens, das nach rechts
hineinführt in den Ort und „Faulmert" heißt, verlassen wir die
Straße und folgen links dem Weg durch den Wald. Nach 200 Me-
tern berühren wir noch das Gelände der Behinderten-Werkstätten
Oberberg („BWO") und wandern weiter geradeaus und durch den
Wald (Kreissymbol).

Seit 1915 eine Bahn

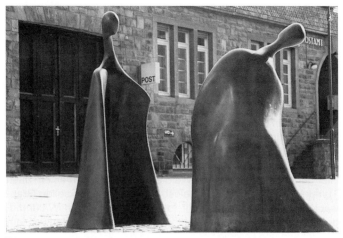

Wartende

So kommen wir nach gut 600 Metern an den kleinen Waldfriedhof
mit der weißen Kapelle von Steinacker heran. Hier kreuzen wir
die Landstraße und wandern weiter auf dem gut markierten Weg,
gleich vor der großen Fichte durch den Rechtsknick und durch
Niederbellinghausen. Haarscharf hinter dem letzten Haus (Nr. 11)
ratterte einmal die Kleinbahn vorüber mit Kohlenruß und Lärm
zum Schaden der Hausfrau und ihrer Gardinen, bis 1957 mit Per-
sonenwagen, bis 1966 noch als Güterzug. Heute liegt hier feiner
Rasen. Noch einmal folgen ein paar Häuser rechts des Wegs, nur
wenig später kommen wir nach Hau, kaum mehr als eine Handvoll Häuser um die Quelle eines kleines Bachs. Hier gehen wir in
Richtung Gassenhagen. Am hinteren Ortsrand von Hau verlassen wir vorübergehend unseren Rundweg und folgen rechts dem
Wanderweg mit dem Andreaskreuz. Der Grasweg führt am Waldrand oberhalb von Gassenhagen weiter, beim Blick zurück entdecken wir den krummen Schornstein einer alten Ziegelei.
Dann geht es durch den Wald mit Laubwald links und Fichten
rechts, nur wenig später durch ein dunkeldichtes Stück von braunen Fichten, hier schwenkt der Weg nach links und bringt uns auf
die freie Höhe, wo wir erneut den Weg mit Kreissymbol erreichen.
Jetzt geht es auf dem Höhenrücken rechts, schnurgeradeaus, mit
Büschen beiderseits. Nach links, wo wir am Horizont die Konturen des Siebengebirges entdecken, fließt alles Wasser in die Bröl,
nach rechts läuft alles in die Wiehl.

Nach einem halben Kilometer stoßen wir am Waldrand auf eine Wegspinne. Hier verläßt uns der vertraute Wanderweg mit Kreis und mit Andreaskreuz, und wir folgen nun das letzte Stück dem Weg nach Bielstein, markiert durch ein weißes Quadrat. 320 Meter sind wir hier nun hoch, jetzt geht es nur noch bergab, zunächst am Waldrand entlang. Neben dem Wasserbehälter kreuzen wir die asphaltierte Kreisstraße und wandern nun im Wald. Es geht vorbei an einer Lichtung rechter Hand, 200 Meter später schwenkt der Weg nach links, kreuzt nach weniger als 100 Metern einen anderen Weg und bringt uns weiter sacht hinab. Bald ist der Weg auch als „A 1" markiert. Es geht zum Wald hinaus, am ersten Haus verlassen wir den Weg „A 1" und gehen rechts hinab und links gleich mit dem ersten Fahrweg weiter, den „Heideweg" hinab. Unten stoßen wir dann mit der „Damtestraße" auf die „Bechstraße" und gehen links, hinab und bis zum Ausgangspunkt zurück. Ein Bier, so denken wir, kann jetzt nicht schaden. Es ginge anders mit dem Teufel zu!

Kurzbeschreibung Tippeltour 4

Weglänge: gut 13 km.

Anfahrt:
Über A 4 bis AS Bielstein-Drabenderhöhe und hier der Beschilderung „Bielstein" folgen. Dort in Höhe der Fa. Pflitsch entweder weiter geradeaus („Wiehl") und dann rechts über den Fluss oder rechts („Bielstein-Ortsmitte") in die „Bielsteiner Straße" und durch den Ort bis an die hier unbenannte Vorfahrtstraße vor der Wiehl. Dort gegenüber in die Straße „An der Mühle" mit zwei Wanderparkplätzen vor und jenseits der Wiehl („Jahnstraße"). Von Dieringhausen (Citybahn) mit dem Bus (Linie 302) bis Bielstein, werktags halbstündlich, sonntags stündlich. Auskunft RVK 0 22 61-6 01 00,

Wanderkarte:
1 : 25.000 Homburger Ländchen, Wiehl und Nümbrecht

Wanderweg: Mit Kreissymbol in Fahrweg „Zur Fliehburg", durch alte Unterführung, bei Gabelung rechts Böschung hinauf nach Linden. Gegenüber Haus 14 links Schotterweg in den Wald, bei Gabelung rechts und durch enge Kehre zum Waldrand und links weiter. In Hengstenberg mit Straße „Im Mauren Garten" rechts, dann „Hengstenberger Straße" geradeaus, dann rechts zum Ort hinaus, am Ortsrand (Spielplatz) wieder auf Weg mit Kreissymbol, halblinks, nach 200 m (Telegrafenmast) links Wiesenweg am Wald vorüber. Auf der Querstraße rechts nach Faulmert, dort Straße verlassen und geradeaus durch den Wald (Kreis). Am Fredhof Straße kreuzen und durch Niederbelling, über alte Bahntrasse hinweg, weiter nach Hau. Dort rechts Weg 22 (Andreaskreuz) bis auf Höhenrücken, dort weiter bis zur Wegespinne und rechts (weißes Quadrat) hinab, über „Heideweg" und „Bechstraße" zurück.

Einkehrmöglichkeiten:
Keine an der Wanderstrecke!

Auskunft: Wiehl-Bielstein 02262-99195.

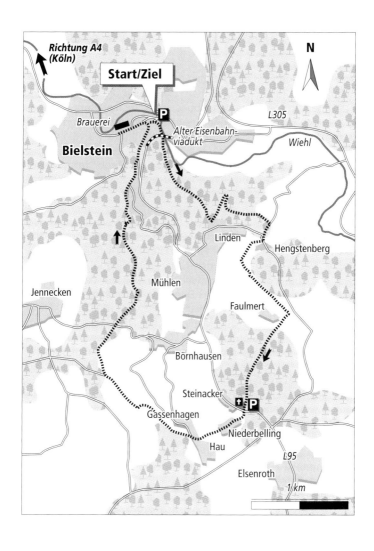

Tippeltour 5:

Einmal Eiershagen und zurück

Wer Denklingen auf einer Karte finden wollte, der wäre leicht geneigt, in Württemberg zu suchen. Denn rund um Böblingen und Tuttlingen und Sigmaringen gibt es die Namensvettern gleich zu Dutzenden. Doch Denklingen gehört zu Oberberg, und seinen Schwabennamen hat es nur von ungefähr: Da war einmal ein Ritter „von den Klingen", der hauste hier auf einer Burg, von der inzwischen nur die Sage weiß. Er mag ein Raubritter gewesen sein, bei dem gehörten Klingen sozusagen zum Betriebsvermögen, warum nicht also auch ins Firmenschild?

Was wir in Reichshof-Denklingen, ein wenig unterhalb der Straße, in festen Mauern finden, hat mit dem sagenhaften Namensgeber freilich nichts zu tun: Das ist die Burg des Amtes Windeck, einst Wohnsitz seiner Rentmeister und Richter, erkennbar heute noch an den vergitterten Gefängniszellen im Erdgeschoß des Torbaus. Von hier aus machen wir uns auf den Weg: Wir überqueren den gepflasterten Burgplatz und nehmen den Weg vorüber an der weißen Antoniuskapelle von 1694 und hinweg über den Ablaufbach des Mühlenteichs. Dann folgen wir dem Weg nach links um den modernen Rathausklotz herum und durch die Aue am Bach. Wo rechter Hand der Parkplatz liegt, nehmen wir links den Weg hinweg über den Asbach und stehen gleich vor dem Damm der alten Eisenbahn nach Wiehl und nach Waldbröl. Hier halten wir uns rechts und wandern zwischen Bach und Bahndamm weiter. Nach 250 Metern erreichen wir die kleine Landstraße und folgen ihr nach links, gleich durch die alte Unterführung. Dahinter lassen wir die Straße Straße sein und folgen links und geradewegs im Wald hinauf dem Fußweg hügelan.

So kommen wir nach Eiershagen, von allen 118 Einzelorten, Weilern und Dörfern der Gesamtgemeinde Reichshof das „Gold-" oder „Vorzeigedorf" par excellence. Von seinen vierzig Häusern sind zwölf geschützte Denkmäler, Obstbaumwiesen und Fachwerk bestimmen das Bild. Wir berühren nur kurz die „Eiershagener Straße" und nehmen dann links den „Sonnenweg". Wo er vor einem Steinhaus der Jahrhundertwende auf das Sträßchen „Am Sportplatz" stößt, halten wir uns rechts und wandern durch

den Ort, erneut auf die Landstraße zu. Dort folgen wir am Fach-
werk-Wartehäuschen dem „Dickhausener Weg" im spitzen Winkel links, verfolgen ihn noch durch die Gabelung nach etwa
50 Metern (am „Lindenweg" vorbei) und nehmen dann am ersten
Telegrafenmast den Weg nach rechts, der uns bei der nächsten
Kreuzung als Schotterweg „Im Lindenwieschen" geradeaus ins
Freie bringt, zum Dorf hinaus. Beim letzten Wohnhaus knickt der
Weg nach links und bringt uns dann als breite Spur im Gras entlang dem kleinen Oberlauf des Birkenbacher Bachs.
Am Strommast geht es sacht nach links, 200 Meter weiter dann
nach rechts. Bei einem Gittermast passieren wir ein Wegekreuz
und wandern noch 250 Meter weiter, bis wir am nächsten Wegekreuz, bei einer Bank, den Weg nach rechts verlassen und, im
Bogen ein wenig zurück, durch die Weiden höher kommen. Nach
200 Metern folgen wir dem Weg längs der Hecke nach links, auf
Rölefeld zu. Am Ortsrand schwenkt der Weg nach rechts, dann
links und bringt uns zwischen Fachwerkhäusern an die Straße.
Wir kreuzen bloß die Fahrbahn und wandern gegenüber zwischen weißen Häusern weiter auf dem schmalen Fahrweg, aufwärts und zum Ort hinaus. Noch in der Weidelandschaft schwenkt
der Weg nach rechts. Dann haben wir die Landstraße erreicht und
folgen ihr ein Stück nach links, in Richtung „Auf der Hardt
2 km". Nach einem Viertelkilometer finden wir auf einem Absatz

Eiershagen

Kunst am Bau

links der Straße zwischen den Feldern das Gefallenendenkmal der „Schulgemeinde Dickhausen". Von hier aus reicht der Blick weit über Oberberg, wir sehen links den Kühlbergturm und oberhalb von Denklingen am Burgberg, wo, wenn überhaupt, die sagenhaften Ritter hausten, das neubarocke Seniorenheim.
Dann geht es mit der Straße weiter, durch die Kehre und durch einen Streifen Wald. Nach ungefähr 300 Metern, deutlich vor der Eiche auf der Höhe, nehmen wir den Wiesenweg nach links und wandern auf die Grenze eines Fichtenwaldes zu. Es geht vorbei an einem großen Hochsitz, dann ein Stück am Wald entlang und in die Senke. Gleich beim Wiederaufstieg nehmen wir den Wiesenweg nach rechts. So erreichen wir nach kurzem Stück den Wanderweg 3 (Raute) und folgen ihm nach links, auf dem Hügelrücken sacht hinab. Es geht durch Eichenwald und lange geradeaus, am Waldrand neben Buchen sacht nach links und schließlich mit dem Waldrand weiter. Vor einem einzelnen Haus an der Ecke des Waldes stoßen wir auf einen Querweg und gehen links. Nach 150 Metern knickt der Wanderweg nach rechts und bringt uns zwischen Weidezäunen weiter abwärts nach Drinhausen.
Der „Waldhof" ist das erste Fachwerkhaus am Weg; hier stehen wir vor einem Totempfahl und allerhand bildender Kunst, genug als Hinweis auf das Schaffen des Bewohners. Zwischen großen Fachwerkbauten stößt unser Weg auf einen Querweg. Wir gehen

links, hinab und mit der Straße vor dem Bach dann rechts, noch immer mit der Raute. So geht es durch Drinhausen. Am jenseitigen Ortsrand nehmen wir das kleine Sträßchen links und wandern weiter mit der Raute, hinweg über den Bach, vorüber an dem schönen Fachwerkhaus, bis an den Querweg vor der Böschung. Hier verlassen wir das Bachtal und wandern mit der Raute links, im Schwenk vorbei am Großenseifen, dessen Namen mehr an Silben hat als der ganze Weiler Häuser: Drei Fachwerkhäuser stehen zwischen Apfelbäumen und Eichen beisammen. Der asphaltierte Fahrweg bringt uns neben ihnen aufwärts, aus der Mulde. In seinem Linksschwenk folgen wir halbrechts dem Feldweg auf die freie Höhe, kreuzen oben einen Wirtschaftsweg und finden am Pflaumenbaumstamm unser Zeichen wieder. Der Weg kerbt sich nun ins Gelände ein und bringt uns abwärts, geradewegs durch Niederbröl und mit dem Sträßchen „Lamichsiefen" an hübschem Fachwerk vorbei bis an die Landstraße heran („Niederbröler Straße").

Gegenüber nehmen wir den „Wasserweg", überqueren gleich die junge Bröl, die zwischen dicht gestellten Erlen durch die Wiesen gluckst, und wandern mit dem Fahrweg aufwärts bis zur Kreuzung auf der Höhe neben einem kleinen Modellfluggelände. Hier verlassen wir den asphaltierten Weg, wenden uns im rechten Winkel links und wandern zwischen den Feldern über die windige

„Drei Fachwerkhäuser zwischen Apfelbäumen"

Überblick

Höhe. Hinter der Starkstromleitung verlassen wir den gut markierten Wanderweg und nehmen gleich den nächsten Weg nach
links, vorbei am Hochsitz und hinab bis auf den Querweg. Nun
gehen wir nach rechts, kommen links um das Pferdegestüt „Er-
lengrund" herum und schließlich mit den Sträßchen „Brölufer" und
„Brölerhütte" abermals über den Bach und nach Bröl.
Mit der Talstraße wandern wir rechts durch den Ort. Gegenüber
der Gaststätte „Haus Schwedt" folgen wir dem Sträßchen „Am
Dreieck" sacht hinauf, überqueren die Kreisstraße nach Rölefeld
und schlagen ein paar Meter höher rechts den Weg „Im Wiesengrund" ein, der „Zum Friedhof" führt. In Höhe des Friedhofs
verlassen wir den Fahrweg, der hier rechts knickt, und wandern
weiter geradeaus. In Gegenrichtung ist der Weg nun als „A 8"
markiert. Er führt hier unter Lärchen neben einer Kerbe im Wie-
sengelände hinauf; an deren Ende folgen wir dem Querweg
rechts, vorbei an einem Wegdreieck nah dem Sträßchen, in den
Wald. Nach weiteren 200 Metern stoßen wir auf einen asphaltierten Weg, der uns rechts zum Wald hinaus und talwärts führt in
Richtung Wilkenroth. 400 Meter weiter, hinter einem eingezäunten Einzelhaus zur Rechten, erreichen wir ein Wegkreuz mit einer
Bank. Hier verlassen wir den Weg „A 8" und folgen halblinks (nicht
links bei der Bank) dem Weg, der längs der Schlehenhecken dem
Verlauf der Böschung folgt. Er bringt uns oberhalb am Ort entlang

und senkt sich erst am Ortsrand noch einmal zur Straße. Die „Denklinger Straße" verlassen wir am Ortsausgang sogleich in Richtung „Eiershagen" und wandern nun mit dem „A 6" und schönen Blicken über Denklingen hinauf, am Wald entlang und dann im Knick nach rechts, auf Eiershagen zu.

Noch vor dem Sportplatz stehen im Gelände sorgsam arrangierte schwere Pfosten. Haben hier die Eiershagener versucht, mit bodennaher Land-Art ihr Dorf noch schöner zu gestalten, oder haben gar am Ende Erich von Dänikens Götter eine Piste präpariert? Wozu gibt es Spaziergänger mit Hund? Wir fragen und haben verstanden: Hier parken die „Fahr-Sport-Freunde" während der Turniere ihre Gespanne.

So kommen wir an „Bauer Borgard's Biohof" mit Käsehaus vorbei, nehmen rechts den „Sonnenweg", auf dem tatsächlich noch die Sonne liegt, und wandern dann im Wald hinab, wie wir gekommen sind. Der Fußweg ist gewiß nicht für die Wanderer beleuchtet. Die 136 Eiershagener wohnen zwar in einem schönen, aber schlecht versorgten Dorf. Hier gibt es nicht nur keine Kirche, keine Schule, keine Bank und keine Post: auch keinen Arzt und keinen Laden, nicht einmal bei Tante Emma, und so ist dies der schnellste Weg hinab zum Supermarkt in Denklingen, neben der Burg. Und wehe, du kommst hoch und hast etwas vergessen!

Kurzbeschreibung Tippeltour 5

Weglänge: 14 km

Anfahrt:
A 4 bis AS Bergneustadt/Denklingen, auf der B 256 der Beschilderung nach Denklingen folgen, Parkplatz am Rathaus (100 m hinter der Abzweigung nach Rölefeld rechts) oder in Ortsmitte. Vom Parkplatz am Rathaus an der Straßenseite vorbei zum Start. Mit der Regionalbahn werktags stündlich nach Gummersbach und mit Bus 303 in Richtung Waldbröl bis Denklingen, sonntags nur wenige Fahrten mit Bus 302. Auskunft RVK 02 21-16 37-3 03 oder 0 22 61-60 10-0.

Wanderkarte:
1:25.000 Reichshof

Wanderweg: Vom Burgplatz zur Kapelle, über den Bach des Mühlenteichs hinweg und durch die Aue. In Höhe des Parkplatzes Bach überqueren und zwischen Bach und Bahndamm rechts. Nach 250 m links Unterführung und Fußweg geradewegs hinauf nach Eiershagen. „Sonnenweg" links, „Am Sportplatz" rechts, „Dickhausener Weg" links, 50 m hinter Gabelung rechts, „Im Lindenwieschen" geradaus ins freie Feld. Hochspannungsleitung unterqueren, nach 250 m rechts, nächster Weg links und nach Rölefeld. Dorfstraße kreuzen, aufwärts und zum Ort hinaus. Auf der Landstraße links, durch die Kehre und links, am Waldrand vorüber und rechts bis Wanderweg 3 (Raute). Mit ihm links und über Drinhausen bis Niederbröl. Straße kreuzen und „Wasserweg" aufwärts bis Kreuzung, hier rechtwinklig links und hinter Starkstromleitung links hinab, mit den Sträßchen „Brölufer" und „Brölerhütte" nach Bröl. Landstraße rechts, „Am Dreieck" halblinks hinauf, Straße überqueren und „Im Wiesengrund" rechts. Am Friedhof geradeaus weiter („A 8"), Querweg rechts bis Fahrweg. 400 m rechts Wegekreuz, halblinks bis „Denklinger Straße", hier links in Richtung „Eiershagen". „A 6" zurück.

Einkehrmöglichkeiten:
in Bröl und Denklingen (nachmittags geschlossen).

Auskunft: Reichshof-Denklingen Tel. 0 22 65-4 70.

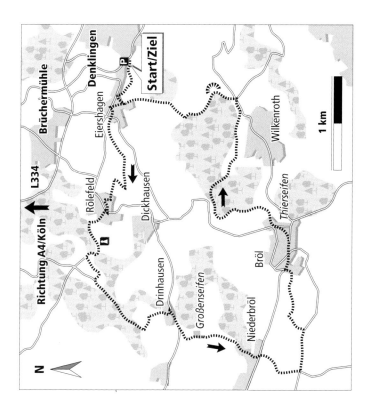

Tippeltour 6:

Keine Angst vor fliegenden Bällen

„Vor Jahrhunderten", so schreibt der Dorfchronist und Heimatforscher Franz Toenniges aus Kürten, „war der Höhenzug zwischen der Kürtener Sülze und der alten Kölner Straße, dem alten Heerweg, ein großes Waldgebiet, das sich bis an die Sülz erstreckte. Durch die Mitte des Waldes, von der Sülz aufwärts zur Höhe, zog sich ein großer Hülsenwald hin. Am Rande dieses Holzes lag das kleine Kirchdorf Kürten. Kein Weg führte durch den Hülsenbusch." Das war einmal. Heute ist der Wald gerodet, der „Kü'eter Buur", der Kürtener Bauer, ist eine Karnevalsgestalt, und seine Mitbewohner und Kollegen sind mit dem Siebener Eisen vermutlich mehr vertraut als mit dem Dreschflegel. Denn dort, wo einst der alte Hülsenbusch am dichtesten war, liegt heute der Kürtener Golfplatz mit Fairways, Greens und Bunkern. So ändern sich die Zeiten.

Längst führen Wege durch das Waldgebiet von einst. Und so finden wir zu Fuß der Reihe nach die Punkte, wie sie Toenniges erwähnt: das Kirchdorf Kürten oberhalb der Sülz, den Heerweg und den Höhenzug. Und von den Hülsen, wie man hier den Ilex oder die Stechpalme nennt, keinen Dornenwald mehr, aber überall noch Überbleibsel, Büsche und Geschichten.

Am schönen Pfarrhaus, einem Fachwerkbau von 1771, machen wir uns auf den Weg. Hier steht die Kirche St. Johann Baptist auf halber Höhe über dem Fluss, schon immer mit trockenen Füßen und noch immer mit dem Turm aus dem 12. Jahrhundert. Wir gehen mit der Straße aufwärts, über das Sträßchen „Im Winkel" hinweg und noch vorüber an dem weißen Eckhaus 36. Das ist der alte Molitorhof, zur Straße hin ein Wohnhaus, doch zum Hang hin, wie wir gleich erkennen, früher ein bedeutender Bauernhof. Wir nehmen hier den unbenannten Weg an seiner fensterlosen Fachwerkfront entlang, zur Linken vorbei an Haus 17 und geradewegs bis an Haus 5 heran. Hier folgen wir dem neuen Sträßchen „Erlenweg" nach links und aufwärts mit dem Weg „A 3". Nach etwa 100 Metern erreichen wir die Wohnstraße „Am Lindchen" (gegenüber „Eschenweg") und gehen rechts, vorbei an manchen neuen Häusern und unterhalb des Waldfriedhofs zur Linken auf den Wald zu, wo uns immergrünes Unterholz begrüßt.

Hier finden wir zur Linken die letzte Station eines modernen Kreuzwegs, zu dem der Ilex passen will; denn eigentlich, so die Legende, hat sich die echte Palme fern in Palästina in die Stechpalme verwandelt, als die Juden riefen: „Kreuziget ihn!" Wer's glaubt, wird selig – und wahrscheinlich nicht mal das. Rund einen halben Kilometer folgen wir dem breiten, schön gestreuten Weg und lesen die Passionsgeschichte rückwärts. Bei der Station zu „Raub, Erniedrigung, Scham" verlassen wir den Leidensweg, der weiter geradeaus und auf die Höhe führt und dann zurück zum Friedhof, und folgen rechts dem Weg in einer Siefenkerbe abwärts (weiterhin „A 3", da wir dem Weg entgegengehen, sind seine Zeichen nur beim Blick zurück zu lesen).

So kommen wir durch Oberduhr und wandern vor dem breiten Bachtal auf dem gesperrten Fahrweg links. Wo wir den Waldrand berühren, haben wir die grüne Aue mit den Mäandern des Duhrbachs zu unseren Füßen. Nach 150 Metern verlassen wir den Wald und wandern weiter geradeaus und durch das schöne Tal des Durbachs, der hier rechts und links aus Quellbächen zusammenfließt. Dahinter geht es wieder in den Wald, hinauf und sacht nach links durch Fichten, bis wir vor dem jenseitigen Waldrand einen Querweg erreichen. Dort bringt uns der „A 3" nach links auf

Kreuzweg

den gesperrten Fahrweg und wieder abwärts an den Bach heran, bei einer Bank hinüber und dem Lauf des Wassers weiterhin entgegen.

Die nächste Hofstatt, einen Viertelkilometer weiter, liegt am Bach und heißt auch so, schlicht „Bech". Hier, wo der Wasserlauf zu einem hübschen Ententeich gestaut ist, folgen wir dem asphaltierten Fahrweg rechts hinauf, vorüber an dem schönen Wohnhaus und durch die freie Flur im Wind hinauf bis an die Wipperfürther Höhenstraße, die B 506, den alten Heerweg, der sich in dem Namen dieses Weilers eingenistet hat: Hutsherweg. Dort wenden wir uns rechts, passieren eine blechverkleidete Scheune mit einem privaten Traktormuseum davor und nehmen etwa 100 Meter weiter, Haus 117 gegenüber, bei einer Eisenschranke gleich den ersten Weg nach links.

Bis jetzt hat uns der Weg „A 3" begleitet, nun folgen wir, und abermals für lange Zeit, dem Rundweg um Kürten („K" im Kreis) und dem Weg „A 2", die beide mit dem breiten Weg rechts neben einer Kerbe im Buchenwald gemächlich abwärts führen. Nach einem halben Kilometer verläßt uns der Rundweg „A 1", um den Vorsperrdamm der Dhünntalsperre zu erreichen. Wir gehen rechts, alles in allem drei Kilometer weit auf einem breiten Weg hoch über einem letzten Ausläufer der großen Talsperre. Wo kleine Wasserträger ihr entgegenfließen, heißt es weite Kehren machen, immer auf dem Weg „A 2" und „K", bisweilen über Querwege hinweg und ohne nennenswerte Höhenunterschiede durch den Wald und vereinzelte Wiesen.

Bald ragen über uns die Giebel des Dörfchens Dhünnberg in den Himmel, im weiten Bogen umwandern wir seine gerodete Kuppe und kommen weiter durch den Wald, nach wie vor das Wasser grau wie Blei zur Linken. Ein letztes Mal noch geht es, mehr als einen Kilometer später, über einen unmarkierten Weg hinweg, der im Wald steil abwärts führt, dann schwenkt unser Weg herum, steigt an und bringt uns an ein Wegkreuz im Wald, wo uns der „A 2" nach rechts verläßt. Nach links führt nach wie vor der Weg zum Parkplatz „Neumühle"; wir folgen nun allein dem „K" hinauf und kommen vor einem verschieferten Fachwerkbau aufs Neue an die Höhenstraße heran. Hier ist Dörnchen, kaum mehr als dieses Haus, das mit seinem niedlichen Namen der bergischen Hülse und ihrem dornigen Laub die Treue hält.

Wir folgen nun der B 506 nach links, 300 Meter weit, am Ortseingang von Laudenberg nehmen wir den Fahrweg rechts hinab nach Enkeln, das wir hinter einem Fichtenwald erreichen. So

Bildstock vor Johannisberg

übersichtlich auch das Dörfchen vor uns liegt, so ist es doch wie Cäsars Gallien noch dreifach unterteilt, und so wandern wir zunächst durch Oberenkeln. Wo das Sträßchen dann nach rechts schwenkt und nach Unterenkeln führt, halten wir uns geradeaus und lesen an dem schmiedeeisern eingehegten Kruzifix zur Linken, dass wir hier in Mittelenkeln sind, 1898 als „Mitteenkelen" in Stein gehauen.

Gleich hinter den wenigen Häusern finden wir rechts die Jahrhunderte alte Stechpalme von Enkeln, die ihre beste Zeit, wie man betrübt erkennt, wohl hinter sich gelassen hat. Ausgehöhlt und morsch bis in die Äste steht sie da, die letzte Zeugin jenes Hülsenwaldes, der auf allen Höhen der Umgebung wuchs. Wir steigen nur noch ein paar Schritte, dann reicht der Blick nach allen Seiten weit ins Land und über jenen Höhenzug, auf dem einmal das Hülsendickicht undurchdringlich stand.

Beim Wegdreieck folgen wir links dem Asphalt und dem „K" und erreichen eine wehrhafte Hofstatt, fest aus Stein gefügt, mit einem großen Misthaufen zur Abschreckung im Vorfeld. Zwischen diesem und dem nächsten, weißen Haus, führt unser Wanderweg nach links, entlang der Birnbaumweide, vorbei an einer Eisenschranke und dann rechts im Schwenk über einen Wasserlauf hinweg und neben Teichen abwärts mit dem Bach. Vorbei an einer wohnlichen Fachwerkscheune mit Glas in den Gefachen, geht es nah am Wasser weiter und hinab bis in das

Kürten

geschützte Altenbachtal. Am Wegdreieck halten wir uns rechts, dann bald darauf bei einem kleinen Hochsitz links und wandern durch das kleine Naturschutzgebiet, hinweg über den Bach, der zwischen Erlen mächtig sprudelt, und dann im Schwenk, doch immer noch recht steil, den Höhenzug hinauf, den wir aus Toenniges' Erzählung kennen. Hier liegt der Golfplatz „Bergerhöhe" rechts und links der Kreuzung auf dem langen Rücken. Unser alter Rundweg „K" schwenkt nun nach links. Wir gehen vor der alten Linde mit dem grün bemoosten Kruzifix auf der Höhe vor dem Hof Johannesberg nach rechts und stemmen uns nun lange in den Wind, ganz im Vertrauen auf das Warnschild zu Beginn, das nur „außerhalb der Wege Verletzungsgefahr durch fliegende Bälle" für möglich halten mag. Von allen Tees genießt man hier die Fernsicht, und wir genießen obendrein die Aussicht auf die Tees: Neben uns drischt einer seinen Schläger in den Grund, dass die Fetzen fliegen, aber immerhin kein Ball, erst recht kein Querschläger.

450 Meter nach dem Kreuz unter der Linde passieren wir auf der windigen Höhe das Wegkreuz zweier Brüder aus dem nahen Meiersberg von 1812. Hier ruhen sie „in Frieden", wie es heißt, denn hier beginnt das Ackerland. Der Golfplatz ist zu Ende. Wir wandern weiter auf dem Rücken, nun schon auf die Kirche zu, die gegenüber auf halber Höhe liegt. Doch vorher müssen wir ins Tal. Der Weg schwenkt sacht nach links, stößt an der Hofstatt Meiersberg auf einen Fahrweg und folgt ihm geradewegs mit der Fallinie den Rücken hinab. Vor dem tief gekerbten Quertal dreht sich der Weg nach links und führt uns an einzelnen Häusern vorüber. Hinter Haus 15 nehmen wir den praktischen Privatweg rechts hinab und gehen unten bis zur Sülztalstraße mit der alten Ahlenbacher Mühle. Mit der „Wipperfürther Straße" gehen wir nach rechts, gut 100 Meter weit bis an die Abzweigung der „Wermelskirchener Straße" und steigen gegenüber mit dem schönen Kirchweg auf. Der heißt „Am Hang" und meint das auch, doch dafür bringt er uns auch geradewegs zur Kirche. In ihrer Nachbarschaft lag jener Herrenhof, lateinisch „curtis", von dem das Dorf den Namen hat. Es hieß noch „Cürten", als das Langhaus 1844 neu errichtet wurde. Erst 1930 kam es zur Kürtener Rechtschreibreform und zum „K". Schließlich hatte Cöln sich zwanzig Jahre vorher schon, und ein für allemal, von seinem „C" getrennt.

Kurzbeschreibung Tippeltour 6

Weglänge: etwa 13 km.

Anfahrt:
Mit der S 11 bis Bergisch Gladbach, von dort mit den Bussen 426,
427 der KWS bis Kürten (Auskunft 0 21 71-50 07 77). Auf der
B 506 über Bechen bis Eisenkaul, dort rechts ab nach Kürten.
Wanderparkplatz neben dem Pfarrhaus gegenüber der Kirche.

Wanderkarte: 1 : 25.000 Kürten oder 1 : 25.000 Wermelskirchen

Wanderweg:
Von der Kirche mit der Straße aufwärts, über „Im Winkel" hinweg
und hinter Haus 36 rechts. „Erlenweg" und „A 3". Straße „Am
Lindchen" rechts, zum Ort hinaus. In Siefenkerbe abwärts nach
Oberduhr, dahinter links, dem Duhrbach entgegen. Nach 150 m
über Quellbach hinweg in Wald, auf Querweg links und erneut
Bachlauf entgegen. Bei Hofstatt Bech rechts hinauf zur Bundesstraße, rechts und nach 100 m gegenüber links (Wege „K" und
„A 2") durch die Böschung der Dhünntalsperre. Zuletzt mit „K"
rechts hinauf, erneut zur Bundesstraße, 300 m links, dann rechts
nach Enkeln. Mit „K" ins Altenbachtal und auf die Höhe mit dem
Golfplatz. Vor Hofstatt Johannesberg unmarkierter Höhenweg
nach rechts und Abstieg nach Kürten. „Wipperfürther Straße"
rechts, hinter „Wemelskirchener Straße" Aufstieg „Am Hang"
zurück zur Kirche.

Einkehrmöglichkeiten:
„Zur alten Ulme" Tel. 0 22 68-65 15; „Altbergisches Haus" Tel.
0 22 68-70 50

Auskunft: Kürten Tel. 02268-939 174.

Hinweis für Landkartenbenutzer: Auf den o. g. Wanderkarten ist
der Verlauf des „A 3" zwischen Oberduhr und Bech falsch einge-
zeichnet.

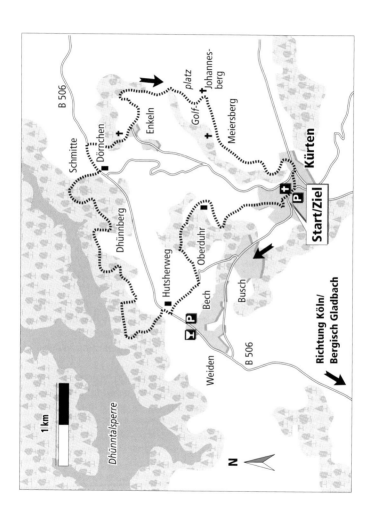

Tippeltour 7:

Im Land der drei Menschen

Widukind war für die Sachsen, was William Wallace für die Schotten wurde: ein Fundamentalist des Widerstands, ein Feldherr mit Fortüne. Doch Braveheart endete auf dem Schafott, Widukund vor dem Altar: Er ließ sich taufen, und sein Pate war der König selbst, Karl der Große, ehedem der Feind schlechthin. Das war zu Weihnachten im Jahre 785 – und sicher nicht allein in Verden an der Aller Gelegenheit zu allerlei Betrachtungen. Ob man Karl schon damals, wenn auch heimlich, „Sachsenschlächter" nannte? Er hatte immerhin dortselbst angeblich 4500 sächsischer Geiseln hinrichten lassen, um aller Welt und Widukind die Vorzüge des Christentums zu zeigen.

Das war kein Friedensschluß, auf den man stolz sein musste. Zumindest aber kehrte mit den Jahren Ruhe ein. Schwerter zu Pflugscharen, Wälder zu Äckern: So hieß nun die Devise auch im Oberbergischen, das allerdings noch lange nicht so hieß. Von der Agger aus, die anfangs ihre Grenze war, war den Franken noch die Landnahme entlang der kleinen Kerbtäler gelungen. So wuchs hier mit den Jahren eine Grenze, die an Rengse und an Dörspe auch nach mehr als tausend Jahren noch besteht: die zwischen Agger und Bigge, zwischen Wiedenest und Wegeringhausen, dem Rheinland und Westfalen.

In diesem Grenzland sind wir heute unterwegs, von einem Tal ins andere – und deshalb zweimal auch über den Berg. In Pernze an der evangelischen Kirche machen wir uns auf den Weg. Am kupfergrünen Campanile von 1964 überqueren wir die „Lieberhausener Straße", lassen das Sträßchen „Am Stockhahn" rechts liegen und wandern hier an alten Hofstätten vorüber, parallel zur Bundesstraße. Auf der flachen Höhe vor uns sehen wir die Kirche Sankt Maria Königin mit einem Dach wie einem Königinnenmantel. In der Biegung des Fahrwegs nehmen wir dann rechts das Sträßchen „An der Dörspe" und folgen nun dem munteren Bach und den Birken und Erlen am Ufer. Hier finden wir zuletzt ein Haus mit schwerem Rieddach. Das allerletzte Haus in schönem Fachwerk heißt in der Wand noch „Waldheim Dörspetal" und

erzählt im Giebelbalken auf Latein von Glück, von Unheil und vom Wiederaufbau: 1897, 1945, 1947. Heute ist es ein Altenheim.
Wir kreuzen hier den Wanderweg „W 1" und wandern weiterhin am Bach mit Fischteichen entlang. Bald stößt bei einer Sitzgruppe von rechts der Fahrweg mit dem Weg „W 2" hinzu. Nach 200 Metern schwenkt der Weg nach links, wir überqueren hier die Dörspe und bleiben weiter neben ihr. Vorüber am Getränkehandel „Köster" kommen wir nach Wiedenest und wandern mit dem „Heisterbacher Weg" nun durch den Ort bis an den Kindergarten mit dem Spielplatz linker Hand. Hier folgen wir dann rechts der Straße „In der Bockemühle" und dem Wanderweg „W 3" und haben bald Gelegenheit, die post-fränkische Bau- und Siedlungspolitik der letzten Jahre und Jahrzehnte zu studieren. Der Weg schwenkt rechts, vorbei an gut sortiertem Schmiedeeisen und heraldischen Delphinen („W 3").
So erreichen wir die Kehre des „Hartemicker Wegs" und folgen rechts nun lange dem Andreaskreuz des Wanderwegs 19, anfangs mit dem Sträßchen aufwärts und zum Ort hinaus. Im Wald verzweigen sich die Wege: Geradeaus fällt der „W 2" schon wieder ab, wir wandern weiter mit dem Kreuz, halblinks und auf den Bergrücken hinauf. Von links stößt wenig später der Weg „A 1" hinzu. Auf der Höhe kommen wir am eingezäunten Wasserhochbehälter vorüber und erreichen bald vor einem Wegkreuz eine hölzerne Schutzhütte.

Niederrengse

Hier wandern wir geradewegs weiter, abermals hinauf mit dem Andreaskreuz („19"). Nach einem Dreiviertelkilometer endet dann mit einem Mal die Steigung, wir haben nun den Beulberg zur Linken, den zweithöchsten Berg von Bergneustadt, 480 Meter hoch, 430 Meter Höhe haben wir nun selbst. Bald stößt von links ein zweiter Wanderweg mit Andreaskreuz hinzu. Hier fällt der Weg nun deutlich ab und führt uns auf das offene Weideland zu. Dort stoßen wir bei einer Bank auf einen Querweg und lesen unter einer Eiche, woher wir kommen („Wiedenest") und wohin es geht („Niederrengse"). Fern am Horizont der Schanzenturm von Meinerzhagen.

Wir folgen nun dem Weg nach rechts, nach 400 Metern vorüber an einer kleinen Schutzhütte. Dahinter, nach der Biegung, nehmen wir den Weg „A 1" nach links und wandern am Geländeabsatz zwischen Weideflächen, kommen durch ein kleines Waldstück und nach einem Linksschwenk sacht hinab nach Höh. Mehrgeschossig steht zur Linken in der engen Kehre das Freizeitheim des Remscheider CVJM. Hier geht es rechts, vorbei am Fachwerkhaus von 1796, vorüber an dem kleinen Wanderparkplatz und im Wald im Schwenk bald an das eng gekerbte Rengse-Tal heran. Der Weg ist nun mit einem weißen Kreis markiert.

Vorüber am Betriebsgelände unter uns im Tal, erreichen wir die Kehre einer kleinen Straße. Hier gehen wir nach links und kommen mit dem Kreissymbol nach Niederrengse. Wo die Straße links schwenkt, halten wir uns neben einem schönen Fachwerkhaus, schief vom Wind und krumm vom Alter, noch geradeaus. Rechts verläuft nun unser Weg (Nummer 19 mit Andreaskreuz), wir aber gehen erst noch ein paar Schritte weiter links, kreuzen den Bach und die Landstraße nach Lieberhausen und finden gegenüber gleich die „Rengser Mühle". Bis 1954 wurde hier noch Korn gemahlen, und am Giebel lesen wir auch noch den alten Namen „Gasthof Lenz". Als „Rengser Mühle" aber ist das hübsche Haus bekannt für seine tortenhohen Eierkuchen und die gute Küche.

Dann gehen wir zurück, vom kleinen Fachwerkdenkmal aufwärts mit dem Wanderweg, den wir schon kennen („X"). Zur Rechten liegt ein Bauernhof, in zahlreichen Verschlägen hängen die Kaninchen hier am Tropf. Mit der ausgebauten Viehtrift unterqueren wir die Landstraße nach links und kommen gegenüber rechts hinauf. Auf dem asphaltierten Fahrweg wenden wir uns scharf nach links und folgen ihm im Schwenk durchs Weideland hinauf. Dann gabelt sich der Weg: Rechts verläßt uns nun der Wanderweg mit dem Andreaskreuz, wir gehen weiter geradeaus und folgen einer „2" mit einer Raute auf dem Weg, der hier am stärksten steigt. Hier können wir beim Blick zurück die Oberbergischen Höhen wie Silhouetten überblicken.

An einer Schutzhütte vorüber geht es in den Wald und hier vorbei an einem alten Steinbruch, zur Rechten Birken, Fichten links. So stoßen wir zuletzt bei einer schönen Ruhebank auf einen Querweg, der um den Höhenrücken vor uns läuft. Hier geht es mit der Raute rechts, nun ohne Steigung auf der Höhe über einer steilen Böschung, zur Rechten Laubwald und zur Linken Tannen (auch „A 4").

Nach 800 Metern stoßen wir auf einen Fahrweg auf der Höhe und wandern weiter geradeaus, nun auch von einem „T", das Kopfstand macht, begleitet. Zur Linken, hart am Rand der Böschung und seines Amtsbezirks, hat uns der Regierungspräsident ein Warnschild aufgestellt und droht für den Fall der Mißachtung mit „Lebensgefahr!": Hier liegt der Flugplatz „Auf dem Dümpel" mit rotem Windsack und verglastem Tower. Dahinter ist Westfalen.

Als im Oberbergischen die Pest umging und im 30-jährigen Krieg schreckliche Nachlese hielt, blieben hier im Grenzland nur drei Menschen übrig, einer auf dem Helberg, einer auf dem Hackenberg, der dritte auf dem Dümpel. Und nur mit Hörnern teilten sie einander regelmäßig mit, dass sie noch lebten. Heute hören wir nicht einmal mehr ein Horn, nur in der Ferne das Rauschen der Sauerlandlinie.

Es geht am Umsetzer vorüber und auf die wenigen Häuser zu. Dann folgen wir dem Fahrweg, der in der steilen Böschung rechts ins Dörspetal hinabführt, nun wieder mit Andreaskreuz. Nach gut 300 Metern verabschiedet sich dieser Weg („3") nach rechts. Hier gilt es aufzupassen: Denn hier, gleich neben einem Hochsitz, verlassen wir die Fahrbahn und steigen rechts im Wald zu Tal, noch immer mit dem umgedrehten „T" am Weg. Wir wandern hier auf einem Absatz der Geländekerbe auf dicken Lagen Eichenlaubs. Bald sehen wir den grünen Kupferturm der Kirche, bei der wir aufgebrochen sind.

Unten geht es weiter mit dem Weg „Am Dümpel" auf Asphalt. Der Weg schwenkt rechts, dann stößt er auf den „Renneweg". Hier gehen wir nach links und gleich darauf schon wieder rechts, auch jetzt mit dem vertrauten Zeichen, entlang an schönem Fachwerk und mit der „Kreuzstraße" zurück zum Ausgangspunkt.

Kurzbeschreibung Tippeltour 7

Weglänge: gut 12 km

Anfahrt:
Mit der Bahn bis Gummersbach, von dort Buslinie 301 bis Pernze, Sportplatz (Auskunft OVAG 0 22 61-92 60-0). Mit dem Auto A 4 bis AS Reichshof/Bergneustadt, über Bergneustadt auf der B 55 durch Wiedenest nach Pernze, am Ortsende links in Richtung „Lieberhausen, Niederrengse", an der ev. Kirche rechts („Kreuzstraße"), Parkgelegenheit rechts vor dem Sportplatz, gegenüber der Straße „Neue Siedlung".

Wanderkarte: 1:25.000 Bergneustadt

Wanderweg:
„Lieberhausener Straße" kreuzen und südwestwärts, nach 300 m halbrechts „An der Dörspe" und dem gleichnamigen Bachlauf folgen. „W 1" kreuzen und weiter, mit „W 2" und dann auch „W 1" nach Wiedenest („Heisterbacher Weg"). Am Kindergarten rechts („In der Bockemühle", „W 3"). „Hartemicker Weg" rechts mit Andreaskreuz (Weg 19) in den Wald, bergauf. Am jenseitigen Waldrand rechts, nach 400 m an Schutzhütte vorüber, dahinter, nach der Biegung, links mit „A 1" nach Höhe und mit Kreissymbol rechts bis Niederrengse. Mit Weg 19 (Andreaskreuz) weiter, unter der Straße her und dann links mit Weg 2 (Raute) sowie „A 4" im Wald auf die Höhe. Oben mit umgekehrtem „T" am Flugplatz entlang, am Umsetzer vorüber. Fahrweg rechts hinab (Andreaskreuz) und aufmerksam neben Hochsitz Fahrbahn nach rechts verlassen (umgedrehtes „T" bis zum Ziel) ins Tal. Unten „Am Dümpel", „Renneweg" und „Kreuzstraße" zurück.

Einkehrmöglichkeiten:
Rengser Mühle (Montag und Dienstag Ruhetag) Tel. 02763-9145-0, Restaurant Waldstübchen & Grillhaus Eulennest (Mittwoch Ruhetag) Tel. 0 27 63-8 44 08 49.

Auskunft: Stadt Bergneustadt Tel. 0 22 61-40 42 51

Der Weg wird kürzer, wenn man auf den Abstecher nach Höh verzichtet (vgl. Karte).

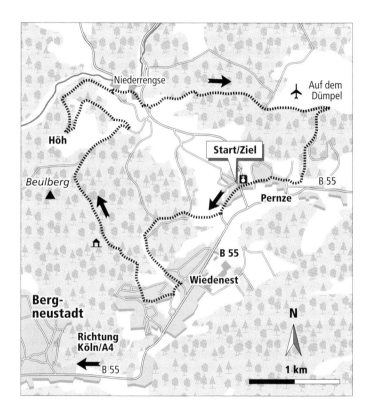

Tippeltour 8:
Vom Kalkland ins Heringstal

Jahrhunderte hindurch, seit Ruprecht hier gerodet hatte, lag sein Bauerndorf „Rupprettesrode" (so anno 1121), „Ruoprehtrothe" (zehn Jahre darauf) oder Ruppichteroth verborgen hinter mehr als sieben Bergen in einer Mulde nah dem Bach, bekannt durch seine Kirche, seine Kalkvorräte und sein Eisenerz, doch abgeschnitten von der großen, weiten Welt. Das wurde erst beim Bau der Bröltalstraße 1857 anders, seit 1863 waren Hennef und Waldbröl bequem erreichbar, und für das Erz der 17 Gruben gab es seit 1862 eigens eine Pferdebahn am Rande der neuen Chaussee. Von Hennef brachte dann die Staatsbahn Gießen-Köln das Erz zur nahen Friedrich-Wilhelms-Hütte. Schon 1863 wurde aus der Bröltalbahn die erste deutsche Schmalspurbahn mit Dampfbetrieb. Mit einer Spurweite von 785 Millimetern und 18 Stundenkilometern ratterte der kleine Güterzug durchs Tal. Bald nahm die Bahn auch Passagiere mit, zumal der Erzabbau rasch unrentabel wurde, seit 1872 ging es bis Waldbröl, seit 1873 auf der ganzen Strecke bis zum ersten Weltkrieg jeden Tag mit zwei Personen-, sechs gemischten und zwei Güterzügen. Das war der Anfang des Tourismus, der aus der Abgeschiedenheit des Ortes seinen Vorteil zog: Als Luftkurort erwarb das Dorf sich einen Namen.

Wo einst mit Ruprechts Rodung die Geschichte angefangen hat, da beginnen wir die Runde durch den Ort: Durch den alten romanischen Turm kommen wir in die Kirche hinein, deren Neubau aus den Jahren 1892–94 stammt. Vereinzelt sind die ursprünglichen Fenster aus dem frühen 16. Jahrhundert noch erhalten wie auch die alten, eindrucksvollen Pfeilerfiguren. So sehen wir im Chor den Namensgeber Severin mit Bischofsstab und -mütze und in der Linken seine Kirche: St. Severin zu Köln. Vom Kirchturm folgen wir der „Burgstraße" vorüber an „Haus Schorn" und durch das hübsche Oberdorf, vorüber an der „Dorfschänke" und an der Bäckerei und auf den spitzen, schlanken Turm der evangelischen Kirche zu. Als das Oberbergische in weiten Teilen protestantisch wurde, kam Luthers Lehre nur in wechselnden Gezeiten in das Dorf. Es ging wie bei der Echternacher Prozession mal vor und mal zurück, die Kirche war entsprechend immer wieder mal katholisch, mal lutherisch. Erst 1683 gab es für den neuen Glauben auch ein neues Gotteshaus, und nicht vor 1765 diesen hohen Turm.

Gleich hinter der Einmündung der „Marktstraße" gabeln sich die Wege. Hier verlassen wir die „Burgstraße", die links hinabführt, und folgen halbrechts steigend nun dem Sträßchen „Zum Sperber", das an einer Planke von vier Wanderwegmarkierungen begleitet wird. Die Grube „Sperber" war einmal der größte Lieferant für Limonit und Hämatit, Ruppichterother Brauneisenstein. Wo rechts der „Eichweiher" abzweigt, schwenkt unser Fahrweg links und steigt am Ortsrand weiter an. Auf der Höhe kreuzen wir die „Schulstraße" und links die „Friedensstraße" und wandern nun in Richtung Schönenberg, am Sägewerk vorbei.

Bei einem Bildstock unter Linden neben einem Wegekreuz verlassen wir den Weg „Zum Sperber", der hier links verläuft, und wandern weiter geradeaus in Richtung eines weißen Rechtecks als Markierung. Zwischen Vogelhecken geht es sacht bergab. Zu beiden Seiten sehen wir die alten Kaulen, Gruben und Vertiefungen des Erzabbaus. Bis hierhin war ein zweites Gleis der Schmalspurbahn ins Saurental gelegt, auf dem zur Blütezeit das Erz nach Schönenberg und mit dem Brölbach um die Wette talwärts fuhr bis Hennef an der Sieg.

Im Talgrund, nach 600 Metern, biegen wir rechts in den Fahrweg nach Hambuchen ein, überqueren so den Hover Bach und kom-

Ruppichteroth

men gleich darauf im Schwenk nach links hinauf. Am Ende der Kehre verlassen wir den breiten Fahrweg und folgen links dem Weg nach Niedersaurenbach, das weiß auf grüner Weide durch die Bäume strahlt. Der Weg führt geradewegs durch das Geviert von Wohnhaus, Ställen und Remise, vorbei am Zwinger für den Hund und zwischen Weidezäunen weiter. Links liegt Hove in der Mulde. Bald stößt von dort der Fahrweg hinzu, der noch den Genius Loci als Namen bewahrt: „Im Kalkland". Wir wandern weiter geradeaus und durch den Wald. Auf der Höhe dann erreichen wir die „Hambuchener Straße". Der Ort beginnt hier rechter Hand. Wir aber wandern weiter geradeaus, kreuzen nur die Höhenstraße und folgen dann halbrechts dem breiten Weg, der uns nach 100 Metern erneut an einen Fahrweg bringt („Am langen Morgen"). Hier wenden wir uns links und wandern geradewegs nach Gießelbach hinab, dessen Häuser locker und mit komfortablem Abstand zueinander in der Mulde liegen.

Bei der Bushaltestelle und einem großen, alten Grauwackekreuz („Geisselpach anno 1814 3tia Mai") gehen wir nach links, zum Dorf hinaus in Richtung Retscheroth. Jetzt dient ein Rechteckrahmen als Markierung. Es geht mit einem Bach hinab und über einen zweiten Wasserlauf hinweg, dann wandern wir nach rechts in Richtung Millerscheid. Vor dem nächsten Bachtal knickt der Fahrweg links, wir folgen ihm und überqueren so nach 250 Me-

Fachwerk links und rechts

Millerscheid

tern den Millerscheider Bach. Zur Linken liegt die „Fischtzucht-
und Angelanlage Im Quellengrund", ein weitverzweigtes Netz von
Teichen. Hier gabeln sich die Wege: Wir kommen rechts nach Millerscheid hinauf und sehen unten den geschäftigen Betrieb der
Angler. Noch immer steigend, geht es durch den Ort. Der Weg,
der hier gezeichnet ist durch einen v-förmigen Winkel, dreht sich
dabei stetig rechts, vorbei an allerlei an Fachwerk und einem Bildstock links des Wegs, zweimal auch an einer Abzweigung nach
links vorüber. An einer alten Scheune, die von einer Eiche über-
wölbt wird, kommen wir zum Ort hinaus und auf die freie Höhe.
Zur Linken ragt noch der Schornstein der ehemaligen Papier-
fabrik Geldmacher aus dem Tal, die längst kein Geld mehr macht.
Zwei Kilometer lang führt nun der Fahrweg durch die freie Flur.
Der hügelige Horizont ist weit entfernt. Die meisten Höhen und
die Dörfer vor uns sind schon oberbergisch. Nur Ruppichteroth
mit seinen heute 74 Ortschaften im Herzen des Naturparks Bergisches Land, als Pfand mit Blankenberg im Jahre 1363 dem Grafen Wilhelm von Berg gewissermaßen in den Schoß gefallen und
gerade recht zur Arrondierung seines Territoriums nach Süden
hin, gehört nicht mehr dazu: Die kaiserlich-französische Verwal-
tung schlug 1808 die neue Mairie Ruppichteroth zum Kanton
Eitorf, zum Arrondissement von Siegen und zum Sieg-Departe-
ment. Die Preußen schließlich zogen wieder deutsche „Kreise",
Ruppichteroth kam 1820 in den Siegkreis, den heutigen Rhein-

Sieg-Kreis, und liegt seither verwaltungsmäßig recht am Rand.
Der nächste Nachbar schon, Waldbröl, gehört wie eh und je zum
Oberbergischen.
Es geht beim Steigen durch ein kleines Waldstück mit Haselnuß-
gebüsch und Birken, dann kommen wir schließlich nach Bölkum,
das eine namhafte Haflingerzucht und einen runden Wohnturm
hat, als sei es ein bergischer Leuchtturm. Tatsächlich war das
einst der Siloturm des Hofes nebenan, vom glücklichen Besitzer
glückvoll umgebaut. Wir kommen nahe diesem Anwesen vorüber
und durch den Ort, beim Hinweis auf Haus „31 a" gehen wir nach
rechts, erreichen gleich das Sträßchen, das nach Hodgeroth hinaufführt, und wandern so zum Ort hinaus, vorbei an einem Kruzifix unter Birnbäumen. Ein wenig unterhalb liegt rechts die große
Reithalle.
Noch vor dem Ortsausgangsschild nehmen wir dann links den
Fahrweg, der hinaufführt zum Wasserbehälter und einem hölzernen Campanile aus alten Telegraphenmasten mit bronzener
Glocke und Hahn. Dahinter knickt der Weg nach rechts und bringt
uns für den nächsten Kilometer auf der Höhe weiter. Wir kreuzen
einen Querweg, wandern dann vorbei an einer Eiche, und wo der
nächste Weg nach rechts hinabführt und nach Hodgeroth, halten
wir uns weiter geradeaus. Von nun an ist der Weg durch einen
Winkel markiert, der wie ein „V" aussieht, das auf dem Kopf steht.
Wir kommen in den Wald und folgen dann der Kreisstraße gut
150 Meter weit nach links. Wo dann der Fahrweg abzweigt, der
nach Stranzenbach hinabführt, nehmen wir den schmalen
asphaltierten Weg nach rechts, vorbei an der Barriere, und mit
dem gut markierten Zeichen abwärts durch den Wald. So kommen wir ins Tal des Derenbachs, im Volksmund „Heringstal"
genannt, auch hier vorbei an einer Reihe von Teichen und einer
Schutzhütte dazwischen, und immerfort hinab. Nach langem
Marsch verlassen wir den Wald und bald darauf den Bach, der unter uns hinwegfließt, und kommen geradewegs nach Oeleroth.
Die kleine „Oelerother Straße" bringt uns durch das Dorf, am Eingang des „Kapellenwegs" vorbei an einem Kruzifix von 1796 in
einem holzgedeckten Wegkapellchen. Am Ende geht es mit dem
„Amboßweg" nach rechts hinauf. Dort folgen wir dem Sträßchen
„Sonnenhang", das bald nach rechts schwenkt und nun halbhoch
über dem Waldbrölbach seinem Namen Gültigkeit verschafft: Die
Häuser, die hier stehen, schauen allesamt nach Süden. Dort
unten fuhr die Kleinbahn nach Waldbröl, zuletzt mit Diesel und
95 PS. Am letzten Tag im März des Jahres 1953 ging sie zum

letztenmal auf Fahrt. Am Tag darauf erschien sie nur, wenn überhaupt noch, als Aprilscherz.

Am Ende gibt es ein paar Klötze Siedlungsbau, dann führt der
Weg im Schwenk nach rechts hinab, wir überqueren hier die
Landstraße nach Much und kommen mit dem „Köttinger Weg" geradewegs auf beide Kirchen zu und neben der Hauptschule an
der „Mucher Straße" zur Pfarrkirche St. Severin zurück.

Kurzbeschreibung Tippeltour 8

Weglänge: gut 13 km.

Anfahrt:
über A 560 bis AS Hennef-Ost, dann B 478 in Richtung Waldbröl
bis Ruppichteroth. Dort mit der „Brölstraße" durchs Unterdorf,
100 Meter vor der großen Kreuzung links mit der „Mucher Straße"
in das Oberdorf und an der Kirche links zum kleinen Wanderparkplatz „Burgplatz". Da hier vielfach schon Anwohner parken,
Parkgelegenheit im Ortskern suchen oder zur beschilderten Bröl-
talhalle ausweichen.
Mit der S-Bahn bis Hennef und von dort mit dem Bus 530 der
RSVG bis Ruppichteroth (am Wochenende im Stundentakt). Auskunft RSVG 0 22 41-49 90.
Auskunft Ruppichteroth 0 22 95-49 23/24.

Wanderkarte:
1 : 25.000 Ruppichteroth oder 1 : 25.000 Homburger Ländchen

Wanderweg:
Von der St.Severinkirche auf der „Burgstraße" in Richtung ev. Kirche, hinter „Marktstraße" bei Gabelung rechts „Zum Sperber" und
zum Ort hinaus (weißes Rechteck), Straße „Zum Sperber" geradeaus verlassen. Nach 600 m rechts in Richtung Hambuchen, in
der Kehre links durch Niedersaurenbach und mit Straße „Im Kalkland" weiter. „Hambuchener Straße" kreuzen, halbrechts und
links hinab nach Gießelbach. Links in Richtung Retscheroth und
rechts in Richtung Millerscheid. Links mit Fahrweg und bald
rechts hinauf nach Millerscheid. Weg „v" über die Höhe verfolgen
bis Bölkum, bei Haus 31 a rechts und mit der Straße in Richtung
Hodgeroth. Vor Ortsausgang links bis Glocke, dann rechts auf der
Höhe, an Hodgeroth vorüber, bis an die Straße. 150 m links, dann
rechts (Winkel) bis Oeleroth, am Ende „Ambossweg" rechts und
mit „Sonnenhang" und „Köttinger Weg" zurück.

Einkehrmöglichkeiten: in Ruppichteroth zahlreich

Auskunft Ruppichteroth Tel. 02295-4923/24

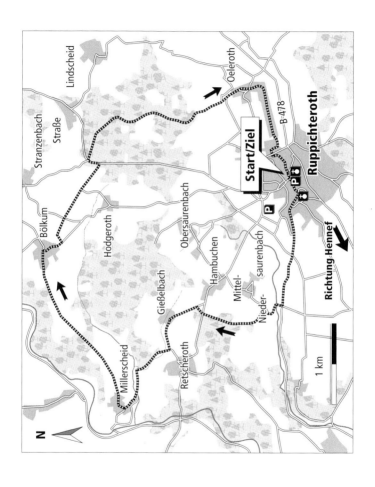

Tippeltour 9:

Oben wacht der Herr

Rheinbreitbach war einmal das nördlichste Weindorf im ganzen Weinland Rheinland-Pfalz. Hier, wo der Westerwald gewissermaßen seine Füße aus dem Wasser nimmt, wird das Rheintal breit und eben; hier ist genügend Platz für Obst, Gemüse und Pendler mit Bonner Büros. Das bisschen Weinbau wurde überflüssig, und der „Rheinbreitbacher Hof" ist längst kein Weinlokal mehr, sondern ein Versicherungsbüro.

In seinem Kern hat sich der alte Ort indes erhalten, buntes Fachwerk steht hier dicht gedrängt um die rote Kirche St. Maria Magdalena herum, wo wir den Weg für diesen Tag beginnen. Gegenüber ihrem Chor, an der Einmündung der „Burgstraße", ragt noch ein Tor mit einem Rest von Mauer auf: Dies war einmal die „Untere Burg" der Herren von Breitbach, 1245 erstmals erwähnt. Ihr Basilisk schmückt heute das Gemeindewappen, die Herren selbst sind seit dem 18. Jahrhundert ausgestorben.

Von hier aus folgen wir der „Burgstraße", am Breitbach und am „Weinbergsweg" vorüber, durch den Ort. Wo die „Burgstraße" dann auf die „Hauptstraße" stößt, gehen wir nach rechts und auf die Apotheke zu. Hier liegt im Knick der Straße, links, der alte „Rheinbreitbacher Hof" unter großen Kastanien, einst ein berühmtes Weinlokal mit großen Namen auf der Gästeliste: Simrock, Freiligrath, gelegentlich die Brüder Grimm.

Wir gehen nun nach rechts und durch das Sträßchen „Vonsbach", 150 Meter weit bis an das Kruzifix von 1734 und eine platzgewordene Erinnerung an „Dick" und „Schmal", zwei karnevalistische Berühmtheiten am Rhein. Hier folgen wir nun rechts, doch nicht im spitzen Winkel und zurück, dem Fußweg in Richtung „Koppel", unter Buchen am Bachlauf entlang. Nach 300 Metern erreichen wir ein Wegekreuz mit weißer Muttergottes, steigen über Tritte rechts hinauf und wenden uns dann auf dem Rücken der Höhe nach rechts, bis wir das Panorama um uns haben. Das eiserne Kreuz erinnert satzungsgemäß an die „gefallenen und vermißten Junggesellen beider Weltkriege". Die Trauer um die Familienväter überließ man den Witwen und Waisen.

Das Kreuz im Rücken, genießen wir den Ausblick auf den Rhein, den Ort gleich unterhalb und rechts die sieben Berge: „Der Leiberg mit seinem Krater sitzt wie eine Frauenbrust einem breiteren Bergrücken auf", urteilte 1838 der Germanist und Lyriker Karl Simrock. Wir schauen ganz nach rechts und ahnen, was er meinte. Ansonsten aber stellen wir uns eine Brust nicht gerne auf dem Rücken vor.

Dafür wandern wir nun eine Zeitlang auf dem Rücken, vom Kreuz zurück, doch nicht hinab, stattdessen weiter auf der Höhe, stetig aufwärts auf dem Mühlenberg, der rechts noch Spuren alten Weinbaus zeigt. Dann kommen wir zum Wald hinaus und wandern durch die Siedlung „Breite Heide" weiter, erst mit der Straße „Eifelblick", nach der Abzweigung der „Virnebergstraße" dann auf der Straße „Breite Heide" weiter geradeaus. Rechts liegt die Siedlung auf der Höhe, zur Linken haben einzelne Häuser begonnen, den Wald zu erobern. Wo zuletzt die „Breite Heide" in die „Rheinblickstraße" übergeht und nach rechts schwenkt, kommen wir neben einem Kreuz aus Beton von 1981 geradeaus in den Wald. Das Kreuz erinnert an die Wiederaufnahme des Bergbaus auf dem Virneberg. Hier oben hatte es den ersten Bergbau im Rheintal gegeben, vermutlich schon seit dem 3. Jahrhundert hat man hier Kupfer abgebaut, erst 1881 wurden dann die Gruben stillgelegt.

Ein schöner, anfangs leicht erhöhter Weg führt uns durch den Wald in Richtung „Auge Gottes". In der Schneise der Hochspannungsleitung kreuzen wir einen Querweg und folgen dann einem Pfad geradeaus, gleich wieder in den Wald. Zur Rechten zeigt der Boden deutlich Spuren alter Bergwerkstätigkeit. 100 Meter weiter gabelt sich der Weg; rechts läuft ein Pfad durch einen alten Pingenzug. Wir bleiben geradeaus auf blankem Fels und steigen auf dem Höhenrücken immer weiter sacht hinauf. Links fällt das Gelände deutlich ab in die Kerbe des Honnefer Bachs, der hier zugleich die Landesgrenze ist.

So erreichen wir endlich das Wegekreuz am „Auge Gottes", eingerahmt von einer hohen Buche und zwei Fichten. Ein offenes Auge redet mit Sündern Fraktur: „Gottes Auge sieht alles", steht im Giebelfeld des weißen Bildstocks – in Frankturschrift.

Dies ist der höchste Punkt der Tour, gut 200 Meter höher als Rheinbreitbach, jetzt geht es lange nur bergab. Für die nächsten Kilometer folgen wir dem „Rheinhöhenweg" („R") nach rechts (nicht dem Fahrweg scharf rechts). Es geht, ein Stück weit auf Beton, an einer Schutzhütte vorüber. Dann öffnet sich der Blick und

„Auge Gottes"

wir sehen gegenüber den abgeräumten Asberg sowie den Meer-
und neben ihm den Minderberg: vulkanische Kuppen aus wert-
vollem Basalt.
Bald führt der Weg uns rechts vorbei an Fundamenten aus Beton:
Diesmal keine Bergwerksspuren, sondern Herolde des „End-
siegs". Hier wie oben, nah dem „Auge Gottes", fuhr die Wehr-
macht 1944 ihre damals stärkste Waffe auf, die fliegende Bombe
„Fi 103" von Fieseler, besser bekannt als „V 1", „Vergeltungs-
Waffe 1", der letzte Heuler des größten Feldherrn aller Zeiten.
Doch nicht einmal die erste wirkliche Rakete „V 2", richtiger Name: „A 4", ließ irgendeinen an „Vergeltung" glauben – als sei der
Krieg von Canterbury, Brüssel oder Lüttich ausgegangen.
Wir wandern weiter mit dem „R", vorbei an einer großen, eingezäunten Lichtung, dann wird der Abstieg steiler, und wir erreichen
hinter einem Wegekreuz in der Schneise der Hochspannungsleitung mit dem „Rheinhöhenweg" am Rand des Waldes zwei hölzerne Schutzhütten.
Neben einer großen Eiche links und einer Buchengruppe rechts
verlassen wir den Wald und wandern mit dem asphaltierten Weg
im Linksschwenk nach Bruchhausen. Es geht vorüber an zwei
Aussiedlerhöfen, dann stoßen wir bei einem Birnbaum auf die
Landstraße und folgen seinem schmalen Fußweg in den hübschen Ort. Wir passieren einen Bildstock unter einer schönen Lin-

de an der „Marienbergstraße", gehen weiter mit der „Waldstraße" und hinter einer restaurierten Hofanlage links mit der „Kirchbergstraße" rasch hinab bis an die Kirche. Zum reichen Schmuck der Kirche St. Johann Baptist mit Resten aus dem 13. Jahrhundert gehört der sehenswerte Totentanz mit zwanzig Opfern in zwei Reihen.

Vor dem Turm von 1637 verlassen wir nun den „Rheinhöhenweg" und wandern westwärts durch die kleine „Kirchstraße", vorbei an der „Unkeler Straße" und weiter mit dem Weg „RV" („Rheinhöhen-Verbindungsweg"). Er führt uns mit der „Kirchstraße" vorbei an einem Kruzifix von 1747 und an die Einmündung der „Waldstraße" heran: Hier heißt die Straße geradeaus nun „Siebengebirgsstraße". Sie bringt uns an den Ortsrand bis zur „Grabenstraße". Ihr gegenüber folgen wir der „Weinbergstraße" und unserem Zeichen nach links. Es geht vorüber an Haus 6 und weiter, zwischen Gärten, auf dem Weg „RV". Bald wird der Weg zum schmalen Pfad am Oberrand des Buchenwalds zur Linken, zur Rechten weiter Gärten. Dann stoßen wir auf einen breiten Weg und wandern weiter in derselben Richtung, zum Wald hinaus und an das Ende der Allee nach „Hohenunkel".

Hier müssen wir uns nun entscheiden: „An den Rhein, an den Rhein", wie Simrock einst gedichtet hat – oder geradewegs zurück. Wer über Unkel wandern will, der hält sich weiter auf der

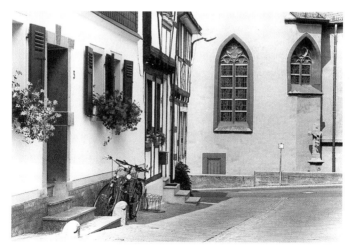

Rheinbreitbach, „Großer Büchel"

In guter Hut

freien Höhe geradeaus, knapp einen halben Kilometer weit bis an
ein Kruzifix aus Holz mit einem Kreuzreim in des Wortes wört-
licher Bedeutung. Hier geht es links hinab durch malerische Büsche, zuletzt vorbei an Wein und einem gelbgetünchten Bildstock
von 1843. Dann mit der Straße rechts, hinweg über die Bundes-

straße und weiter mit dem Fußweg über die Eisenbahn hinweg und rechts („Heisterer Weg") bis an die „Schulstraße", die links dann an das neue wie das alte Rathaus führt, und mit der alten „Linzer Straße" rechts, mitten in den Ort und weiter bis zum Rhein. Zwei Kilometer geht es dann mit dem Leinpfad flussabwärts, wir lesen, wo Freiligrath wohnte und wo er auf Brautschau ging. Rheinbreitbach empfängt uns dann mit dem „Gasthof am Rhein"; vor seiner Böschungsmauer folgen wir dem „Mühlenweg" und dann der „Josefstraße" bis in den Ort und an die „Hauptstraße" heran, nach links an die Kapelle und durch den „Großen Büchel" dann zurück.

Kürzer ist der Weg durch die Allee nach „Hohenunkel", anfangs Kastanien, dann zerfressener Ahorn, hier mitten durch die Hofanlage hindurch, am Schullandheim vorbei und bei der Eisenschranke weiter durch den Wald. Hier führt der Weg zuletzt nach rechts und vor einem tief gekerbten Bach nach links durch eine Doppelkehre, es geht mit dem Fahrweg 250 Meter weit hinab bis an die Wohnstraße „Am Grendel", der wir nun rechts, hinab und aufwärts, folgen. Am weißen Umsetzer biegen wir links in die „Schulstraße" ein und nehmen dann hinter der Mauer längs der „Korfgasse" den Fußweg durch das Halbrund des Parks mit der „Oberen Burg".

Der weiße Bau stammt aus dem 15. Jahrhundert, schon 1829 kam er in bürgerliche Hände, 1907 dann an einen Dichter: Rudolf Herzog, ein anfangs Wuppertaler Bürger mit Adel im Namen und in der Gesinnung, um die Jahrhundertwende einer der meistgelesenen Dichter der Zeit. Er starb hier 1943. Jetzt dient die Burg in frischem Glanz als Bürgermeisterei. Von hier aus geht es gleichfalls durch den „Großen Büchel" das letzte Stück zurück bis an die Kirche.

Kurzbeschreibung Tippeltour 9

Weglänge: je nach Variante 11 oder gut 14 km.

Anfahrt:
Auf der ausgebauten B 42 über Bad Honnef bis Abfahrt „Rhein-breitbach", dort der Beschilderung „Ortsmitte" folgen, Parkplatz oberhalb der Kirche, weitere Parkplätze gleich oberhalb im Bereich der Mehrzweckhalle an der „Westerwaldstraße". Mit der Eisenbahn bis Unkel und dort beginnen (vgl. Karte).

Wanderkarte:
1 : 25.000 Naturpark Rhein-Westerwald, Blatt 1 (West)

Wanderweg:
„Burgstraße" bis zur „Hauptstraße", rechts und wieder rechts durch das Sträßchen „Vonsbach" zum Platz für „Dick und Schmal", wieder rechts (nicht spitzwinklig) am Bachlauf entlang; nach 300 m Wegekreuz bei Muttergottesfigur, hier rechts über Treppen hinauf bis zum Kreuz. Auf dem Rücken weiter, steigend, durch Siedlung „Breite Heide", beim Übergang in die „Rheinblick-straße" neben Kreuz geradeaus bis „Auge Gottes". Rechts mit „Rheinhöhenweg" („R") über „Laurentiushütte" bis Bruchhau-sen/Kirche. Von hier durch „Kirchstraße" und „Unkeler Straße" mit „RV" über „Siebengebirgsstraße" bis zum Ortsrand. „Weinberg-straße" links bis an Allee nach Hohenunkel. Nun entweder rechts zurück oder weiter mit „RV" bis an die Eisenbahn heran und da-hinter „Heisterer Weg" rechts bis „Schulstraße" und alte „Linzer Straße", rechts bis an den Rhein. Leinpfad bis „Gasthof am Rhein" und rechts „Mühlenweg" und „Josefstraße", „Hauptstraße" und „Großer Büchel" zurück.

Einkehrmöglichkeiten: zahlreich in allen drei Orten.

Auskunft: Gemeindebüro Rheinbreitbach 0 22 24-7 20 20 Touris-mus Siebengebirge (Unkel), Tel. 0 22 24-33 09

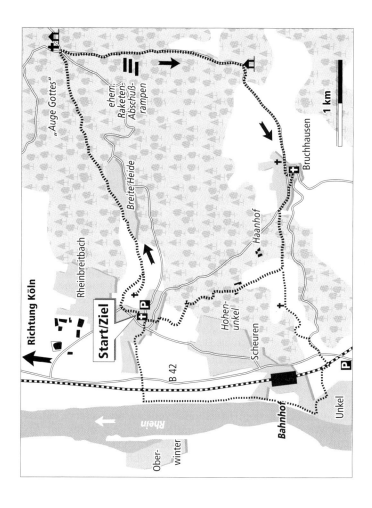

Tippeltour 10:

In der Silberwiese herrscht tiefe Ruhe

Den Isenburger Grafen mochte ihre Burg, das „Veste Haus zu Laere", gut zu ihrem Namen passen. Denn „Isen"-, also Eisenerz, auch Kupfer, wurden hier im Wieder Bergrevier bereits im 13. Jahrhundert abgebaut, geschürft, ergraben und „gebergt". Burg Lahr, ein Lehen des Erzstiftes Köln, war Mittelpunkt der kleinen Herrschaft zwischen Oberlahr am Fluss und Heckerberg hoch auf der Höhe. 1325 fiel der Besitz der Isenburger durch Verpfändung an den Kölner Kurfürst und war, als „Lahrer Herrlichkeit", bis 1803 der Eckpfeiler zu seiner Macht. Der Name meinte die „Gerechtsame" und die Befugnisse der Obrigkeit, daneben auch ihren Besitz. Heute nennt sich so der Campingplatz vor Oberlahr.

Bis etwa 1700 war die Burg noch zu bewohnen, dann wurde sie zum Steinbruch umgewidmet, und viele Häuser unterhalb, sogar die Grundschule in Oberlahr, sind mit der Zeit aus Steinen von Burg Lahr errichtet worden. Erhalten blieb allein der Bergfried auf dem alten Umlaufberg der Wied und überragt den Eichenwald mit links: Mit ihrem schlanken „Großen Turm" von 25 Meter Höhe bestimmt Burg Lahr auch als Ruine noch das Bild.

Und nicht allein das Bild, auch alle Namen für den Anfang dieses Wegs: Am Gasthaus „Burghof" folgen wir dem Weg „02" in die „Burgstraße", vorüber an der kleinen barocken Kapelle der „Heimsuchung Mariens" und dem Reiterhotel „Blaue Mühle", weiter an der Abzweigung der „Ritterstraße" vorüber, noch immer geradeaus. Wo sich dann die „Burgstraße" gabelt und rechts der Weg „Zur Burg" zum Abstecher hinaufführt, halten wir uns links („Höhenweg Karlsweg"), an Haus 41 vorüber und über den Bachlauf hinweg steigen wir in der Böschung sacht bergauf. Zur Linken lassen wir den Ort im Tal zurück. Bei einer Pferdekoppel schwenkt der Weg nach rechts, im Scheitelpunkt der Kehre fordert eine Bank zur Rast und bietet dafür weite Blicke auf das Tal der Wied. Wir gehen hier nach rechts und steigen zwischen einer Schlehenhecke und der Pferdekoppel weiter an.

It's a long way...

Bei einer rot-weißen Eisenschranke betreten wir den schön durchsonnten Laubwald und wandern weiter geradeaus und immer weiter sacht hinauf, einmal vorbei an einer Lichtung. Zuletzt erreichen wir die Höhe und ein Wegedreieck. Hier studieren wir die Schilder und wenden uns nach rechts („Rott", „Oberlahr") auf den Weg II des Westerwaldvereins.

Kaum haben wir den festen Schotterweg erreicht, schwenkt er schon deutlich links und führt uns ohne nennenswerte Steigung in sachten Schwüngen durch den schönen Wald. Zu den hohen Buchen und den Eichen stoßen später prächtige Kiefern hinzu, einmal auch einige Lärchen. Der Weg ist an den Stämmen gut markiert und führt uns so, an mancher Abzweigung vorüber, mit sicherer Gewißheit durch den Wald. So können wir uns ganz dem frischen Grün und den Konzerteinlagen aus dem Blätterdickicht widmen.

Zuletzt verlassen wir den Wald bei einer Eisenschranke, wie wir ihn betreten haben. Ein Stück weit noch gewähren uns die Eichen Schatten, nah dem Waldrand steht ein Tisch mit Bänken für die Rast, und uns liegt der ganze Westerwald zu Füßen, so sieht es aus, zumindest sein vorderer Teil. Zur Rechten sehen wir den alten Förderturm der Grube Georg, das Wahrzeichen der Landschaft an der Autobahn bei Willroth. Die Grube Georg war als letzte in Betrieb, 500 Männer holten hier bis 1965 aus einer Tiefe von 800 Metern tagtäglich etwa 700 Tonnen Siderit: Spateisenstein.

Rott

Jetzt ist der 46 Meter hohe Turm ein Denkmal seiner selbst, von
Montabaur ebenso zu sehen wie aus der Hohen Eifel gegenüber.
Beim Weiterwandern folgen wir zunächst auch hier dem Hinweisschild in Richtung Rott. Am Rastplatz halten wir uns links und
wandern lange Zeit in Richtung „Heckenhahn" am Waldrand
weiter („II"). Nach wenig mehr als einem halben Kilometer geht
der breite und sandgelbe Weg in einen asphaltierten Fahrweg
über. Hier gehen wir noch immer geradeaus. 300 Meter weiter,
und 100 Meter vor der Landstraße, knickt unser Wanderweg nach
rechts (Hinweis „II" an der Fichte bei der Bank). Wir wandern
durch die freie Flur, inmitten schöner Wiesen sacht bergab, dann
geht es rechts und links und links und rechts und dabei über
einen Wasserlauf hinweg und aufwärts bis nach Rott.
Vom Ortsrand folgen wir dem „Talweg" und wandern halblinks
weiter mit dem Zeichen „II", vorbei an einem Fachwerkhof bei
einer großen Linde, weiter durch den hübschen Ort. Das Herz des
Dorfes ist sein grüner Anger mit einer alten Eiche, fast nur ein
ausgehöhlter Stamm mit arg gestutzten Ästen, und rechts daneben liegt der Krug „Zur alten Eiche". Hier herrscht auch schon am
frühen Nachmittag ein herzlicher Betrieb mit babylonischem
Gewirr: Die Männer an der Theke sprechen „Wäller Platt" mit der
Lizenz zum unverhofften Wechsel der Vokale, ein Ehepaar aus
Mülheim an der Ruhr erklärt der Runde, wie man Flieder pflegt
(„Stengel matschisch kloppen!"), und die Wirtin hält ein gut-

gelauntes Thüringisch dagegen. Vom Ruhrpott, sagt sie, hat sie keinen Schimmer. „Aber ich kann Dir sagen, wo Kasachstan liegt!"

Unser Ziel liegt weiter südlich: Der Westerwaldweg (römisch „II") führt nun geradewegs nach Flammersfeld. Wir aber gehen hier, das Gasthaus im Rücken und die Eiche rechts, mit dem weiteren Verlauf der „Hasuptstraße" nach links und folgen so dem Weg arabisch „2". Es geht vorbei am historischen Backhaus von Rott mit dem mehr als 100 Jahre alten „Wäller Backes" der Gemeinde, vorbei am Spielplatz und hinab im Dorf bis zum Hotel „Zur schönen Aussicht". Gleich dahinter geht es mit der „Gartenstraße" links und dann beim letzten Gartengrundstück rechts und durch die Feldflur in die Senke („2"). Vor dem Bachtal halten wir uns auf dem Querweg wieder rechts. So folgen wir dem Bachverlauf durch Buchenhaubergwald hinab, an Teichen vorüber. Bis 1941 erstreckte sich von hier bis Oberlahr die Grube „Silberwiese", wo man in großen Mengen Eisenerz und Kupfer aus dem variskischen Gebirge holte.

Wir folgen weiter dem Weg „2" am Bach entlang und kommen schließlich neben einem Teich mit Karpfen und mit Seerosen nach Oberlahr. „Silberwiesenstraße" heißt bezeichnend unser Weg; wir gehen weiter auf den spitzen Kirchturm zu, am Dorfbrunnen vorüber und mit der „Bergstraße" halbrechts und bis zur schmucken neugotischen Kirche St. Antonius Abbas von 1876. Vom Kirchturm geht es mit dem Wanderweg vorbei am Friedhof, an dessen Ecke wir ein Kreuz von 1830 finden, auch das ein Hinweis auf den Bergbau und die „Sayner Hütte" mit dem alten Gießereibetrieb. Am Pfarramt vorüber und mit der „Kirchstraße" hinab, erreichen wir im Tal die „Bahnhofstraße", an der schon seit dem letzten Krieg kein Zug mehr hält und auch kein Zug mehr fährt.

Jenseits der Straße, ein paar Meter weiter, folgen wir hinter dem Verkehrsspiegel der „Waldstraße" nach links (nicht vorher scharf links!), kommen an Haus 89 vorüber und überqueren gleich die Wied. Zwei Fichten bilden hier ein dunkles Tor, dahinter folgen wir halblinks dem Fahrweg durch die Uferlandschaft („2"). An der Böschung haben wir den alten Lauf der Eisenbahn erreicht. Ihm folgt nach rechts der Wiedtalweg („W") zurück bis Burglahr, wir aber gehen noch ein wenig geradeaus und mit dem Fahrweg geradewegs hinauf, durch einen Streifen Wald, um noch einmal dem Bergbau auf die Spur zu kommen („2"). Hinter dem Waldstück stehen links des Weges Schlehen unter Eichen, während

Graf Albrechts Stollen

rechts das Heu zum Trocknen liegt. Dann folgen wir dem ersten Weg nach rechts, verlassen also den Weg „2", der weiter geradeaus verläuft, und steuern wieder auf ein Waldstück zu. Auch hier zeigt das Gelände noch die Narben seiner alten Nutzung: Mit Pappeln ist hier eine Halde wiederaufgeforstet worden.

Es geht noch immer sacht hinab, bis wir erneut den „Wiedtalweg" erreichen, der vor dem Tal der Wied dem alten Bahndamm folgt – und wir nun ihm, nach links und ohne Steigung einen halben Kilometer geradeaus („W"). Unterwegs steht an der Strecke eine kleine Grubenbahn, und ein paar Schritte unterhalb zur Linken finden wir („Glück auf!") den „Alvensleben-Stollen", benannt nach einem preußischen Finanzminister des vergangenen Jahrhunderts, Graf Albrecht von Alvensleben (1794–1858). Ein Stück weit geht es unten in den Berg hinein, dort aber hält ein Gitter alle Übermütigen zurück. Nach 1835 wurde dieser Stollen angelegt und führt, circa zwei Meter hoch, bei einer maximalen Überdeckung von etwa 100 Metern durch das devonische Gebirge. Fast dreißig Jahre dauerte der Bau, dann war der Stollen 1864 fertig, 1546 Meter lang bei einem Gefälle von 0,5 %, und diente anfangs der „Entsümpfung", der Entwässerung, der Grube Louise bei Niedersteinebach, später auch dem Abtransport und der „Bewetterung", das heißt: Belüftung.

Ein Stück noch folgen wir dem alten Bahndamm längs der Wied, dann geht es mit der Straße rechts und auf den Bergfried zu, hinweg über die Wied, vorbei am Kriegerdenkmal auf dem Fels, und in den Ort zurück auf einer jungen Allee aus Platanen. „Willkommen im freundlichen Burglahr", so stand es an der Straße bei der Ankunft. Aber jetzt erst kommen wir dazu, uns der Begrüßung zu erinnern: Sie gilt für Wanderer weit eher als für Autofahrer.

Kurzbeschreibung Tippeltour 10

Weglänge: ca. 12 km.

Anfahrt:
Über A 3 bis AS Neuwied, auf der B 256 („Raiffeisenstraße") in Richtung Flammersfeld bis ins Wiedtal, hier links in Richtung Neustadt bis Burglahr, Parkgelegenheiten im Ort und am jenseitigen Ortsrand links.

Wanderkarte:
1 : 25.000 Naturpark Rhein-Westerwald, Blatt 2 (Nord)

Wanderweg:
Vom „Burghof" Weg „02" in die „Burgstraße", bei Gabelung links („Karlsweg"), über Bachlauf und in der Böschung steigend. Kehre rechts und aufwärts in den Wald. Lange mit gutmarkiertem Weg „II". Am Waldrand links, nach knapp 1 km rechts („II") nach Rott bis Gasthof „Zur alten Eiche". „Hauptstraße" und Weg „2" weiter, hinter Hotel „Zur schönen Aussicht" mit der „Gartenstraße" links, am letzten Grundstück rechts, vor Bachtal wieder rechts („2") bis Oberlahr. „Silberwiesenstraße", „Bergstraße" zur Kirche. Am Pfarramt mit „Kirchstraße" hinab, „Bahnhofstraße" kreuzen und „Waldstraße" nach links verfolgen, über Wied hinweg zur Böschung . Weg „W" kreuzen, geradeaus, erster Weg rechts und zuletzt mit „Wied-Wanderweg" („W") 500 m weiter, am Stollen vorbei. Straße rechts zurück.

Einkehrmöglichkeiten:
Zahlreiche Einkehrgelegenheiten in allen drei Orten, u. a. Rott, „Zur alten Eiche" (0 26 85-3 63, mittwochs Ruhetag) und im „Burghof" in Burglahr (Ruhetag dienstags, 0 26 85-3 23).

Auskunft: Verbandsgemeinde Flammersfeld 0 26 85-80 91 19, Westerwald-Touristik Altenkirchen 0 26 81-8 13 58.

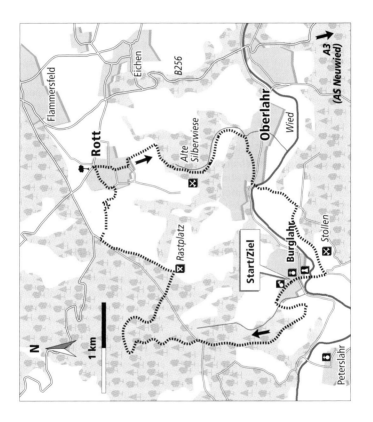

Tippeltour 11:

Haus der durchschossenen Herzen

Mehren ist ein Bild von einem Dorf, ein Idyll mit einem malerischen Kern aus Fachwerk zwischen Hügelland und Bachtal. Wer hier das Auge bis zur Kirche hebt, die schmuck auf ihrem Felsensockel über allem thront, der mag kaum glauben, dass es hier vor Zeiten nicht geheuer war. Doch der Pfarrer, ausgerechnet er, ist davon überzeugt: Mehren war in alter Zeit die Stätte eines keltisch-heidnischen Kultheiligtums. Klaus Otte, Pastor, Doktor, Heimatkundler im Westerwald und Professor in Basel und Frankfurt, ein Mann mit Lehrerfahrungen in Japan und im Libanon, schließt aus dem Namen auf den alten Ruf des Dorfes: So wie das Nachbarörtchen Asbach seinen Namen von den Asen habe, den nordgermanischen Göttern um Odin und Thor, so Mehren oder westerwäldisch-moselfränkisch „Mihr" wie Marburg von der „Mar", dem „Märlein", der Erzählung von Dämonen und Gespenstern.

Das Wort zumindest ist belegt und weit verbreitet: „Uns ist in alten maeren / wunders vil geseit" – Mit diesem Vers beginnt das Nibelungenlied: Viel Wundersames steckt in den Geschichten aus der alten Zeit. Und das ist angesichts der folgenden 2379 Strophen voll mit Mord und Totschlag, Blut und Rache kaum zuviel gesagt. Mit der Erinnerung an diesen Auftakt machen wir uns heute auf den Weg, und der beginnt in Mehren, gleich am Fuß der Kirche mit dem pittoresken Fachwerkspeicher auf dem Chor. Sie stammt in ihrem erhaltenen Kern etwa aus dem Jahr 1200, da war der Westerwald schon christianisiert. 1551 fiel Mehren dann vom alten Glauben ab und wandte sich der Lehre Luthers zu, 1605 mussten sich die Mehrener zum Calvinismus bequemen, weil ihr Graf und Territorialherr Wilhelm von Sayn sich mehr davon versprach für seinen Jüngsten Tag, und 1817 schließlich wurde Mehren uniert. Pfarrer Otte freilich hebt die alten Unterschiede ökumenisch auf, und als Heimatforscher geht er gar noch vor das Christentum zurück: Die dubiose Silbe „Mar" als Kennwort für das Heidnisch-Geisterhafte der Umgebung wurde von den ersten

Ahlbach

Christen nicht vertrieben, sagt er, sondern bloß geschickt ver-
steckt. Der fromme Wunsch: „Gegrüßet seist Du, Maria!", kam
ihnen gerade recht, und so schrieben sie es denn der ältesten
Glocke im Turm in den Mantel: „Ich heiße Maria." Nichts mehr von
„Mar" oder „Maeren"!
Wo die „Kirchstraße" am Fuß der Hügel auf die „Mehrbachtal-
straße" stößt, folgen wir dem Zeichen des Wegs „2" nach rechts.
Gleich das erste Eckhaus enthält im Untergeschoß den Mehrener
„Bulles", das ehemalige Ortsverlies von 1547, mit Jahreszahl,
dem Steinmetzzeichen und einem durchschossenen Herzen über
dem Eingang gut zu erkennen. Bei einer Sitzgruppe unter einer
Eiche verlassen wir die Straße und folgen links der „Raiffeisenstraße" über den Mehrbach hinweg. Wir steigen mit dem Fahrweg
an und verlassen hinter dem weißen Haus 9, also vor der Kehre
noch, die Straße, die nach Hahn und Orfgen führt, und folgen hier
dem unmarkierten Forstweg rechts in den Wald. Zur Rechten
schimmert unter uns der Mehrbach durch die Blätter, der „Geis-
terbach" von einst.
Nach 300 Metern gabelt sich der Weg, hier halten wir uns rechts;
die nächste Gabelung rund 150 Meter weiter erschließt nichts als
den Zugang zum Tal, wir bleiben also links und wandern weiter
mit dem Bach, bis der Weg nach 250 Metern vor einer Kerbe im
Gelände links schwenkt und bergauf führt. Rund 50 Meter weiter

knickt der Weg noch einmal links: Wir wollen aber nicht zurück und folgen hier dem breit an einen Stamm gepinselten Hinweis „F 4" nach rechts. Im Wald ist gerade Holz geschlagen, und wir steigen mit dem Lauf des Baches durch den Forst, keine zehn Meter unterhalb des Jungwalds zur Linken.

Nach 200 Metern finden wir an einer Buche abermals den schwachen Hinweis auf den Weg „F 4", den auch die Wanderkarte kennt, und gehen mit dem Querweg hier nach rechts, im Schwenk nach links dann, in der Böschung abwärts und zum Wald hinaus. Zur Rechten sehen wir die alte Hardtmühle, eine der zahlreichen Mühlen, die es ehedem am Mehrbach gab. Bei einem schmalen Brückchen neben einer Furt erreichen wir den Bach. Blauschwarz schimmernde Libellen tanzen hier über dem Wasser und wissen nichts davon, dass hier bis heute eine Grenze liegt: die zwischen dem Köln-Bonner Dialekt und Westerwälder Platt.

Wir bleiben links des Bachs und folgen nun fast zwei Kilometer dem Weg, der dem Verlauf des Tals am Fuß des bewaldeten Bergsockels folgt. Zur Rechten schlängelt sich der Mehrbach durch die Wiesen. Nach etwa einem Kilometer nähert sich der Bach mit seinen Weiden und Erlen am Ufer abermals dem Weg; hier fließt vom Berg zur Linken noch mehr Bach zum Mehrbach und läßt den Boden unter uns morastig werden. Am Wasser schließen sich nun Erlenstücke an, auch Weißdorn steht am Wege.

Wo links der blanke Felsen mächtig aus dem Boden tritt, weicht der Bach wie mit Respekt zurück. Hier gibt es eine Höhle tief im Felsen, mit einem dreieckigen Gitter gegen allzu forsche Neugier abgeschirmt. Noch einmal müssen wir die Nässe eines Siefens überwinden, der neben uns sein Ziel erreicht; dann kommt von links und aus der Böschung ein zweiter Weg zu unserem hinzu, ein zweites Wegepaar führt hier auch weiter geradeaus, am Bach entlang und in der Böschung aufwärts, und ein fünfter Weg läuft rechts mit einem Fußgängerbrückchen über das Wasser hinweg. Hier verlassen wir das Tal und steigen nun halblinks mit dem felsigen Weg auf die Höhe hinauf, an deren Sockel wir bisher gewandert sind. Oben kommen wir zum Wald hinaus und haben gleich den schönsten Fernblick auf den Westerwald. Zwischen Weidezäunen führt uns links ein Wiesenweg ans Dorf heran, und vor dem ersten Hof von Kescheid folgen wir dem Sträßchen rechts und in den Ort. Kescheid gilt noch als intaktes Bauerndorf: neun Vollerwerbsbetriebe, 130 Menschen, achtzig Wahlberechtigte, ein Wahllokal, doch keine Kirche, keine Schule, keinen Tan-

Mehrbach

te-Emma-Laden und kein Bier. Wir kommen durch den Ort hindurch und folgen dann, beim Neubau 13 a, nach links der Landstraße in Richtung Flammersfeld. Es geht hinunter in die Mulde mit dem Bach und durch die Wiesen abermals hinauf, wo Kescheid wie der Swinegel im Märchen uns erneut begrüßt: Ick bün all hier. Am Maibaum, wo die „Bornstraße" mündet, endet vorderhand der Ort: Wir gehen hier halblinks und weiter auf die Höhe bis in den Ortsteil Püscheid.

Seit Kescheid ist der Weg mit einem weißen Pluszeichen des Westerwald-Vereins markiert. Bei der umgebauten Fachwerkscheune Nr. 9, die links der Straße hinter Blumen steht, nehmen wir dann rechts den Weg nach Hardt, stoßen gleich auf einen breiten Hof von „ANO 1737" und gehen links an ihm vorbei und rechts herum, im Weideland hinab. Unten dann erreichen wir die prachtvoll wiederhergestellte Hofstatt Hardt mit Wohnhaus, großer Scheune, Schweinestall und Backes. Hier nehmen wir noch vor dem schön verzierten Giebel den Wanderweg nach links und kommen so vor einer Koppel rechts hinab bis in das Tal des Ahlbachs. Hier verlassen wir den gut markierten neuen Wanderweg und wandern links und dem Bachlauf entgegen. Rechts geht es einmal ab zu einer alten Mühle; von ihr hat unser Weg den Namen „Mühlenweg". Er bringt uns an allerlei Fachwerk in allerhand Formen des Umbaus vorüber. Dann erreichen wir die „Kescheider Straße" und kommen heran an den Ahlbach. Wo die Straße

altes Mehren

rechts schwenkt und ohne uns den Bachlauf überquert, erreichen wir den Hauptweg „2" des Westerwald-Vereins, den wir aus Mehren kennen, und folgen ihm nun bis ans Ende dieser Tour. Wir bleiben geradeaus, mit dem letzten Fachwerkbau vorüber an der „Glaserei Stengl" und dann im Schwenk nach links und in die freie Flur. Oben geht es mit dem Fahrweg durch den Wald; dahinter, wo bei einer Bank ein zweiter Fahrweg zu uns stößt, geht es links und auf der freien Höhe bis nach Hahn. Hier sind die Vorgärten der Holz- und Fertighäuser mit allerlei an Figurinen liebevoll geschmückt, vom Zwerg bis zum Chinesen und vom Reiher bis zum Schaf. Nur die Hunde, die uns bellend an die Wade möchten: die sind echt.

In der Dorfmitte folgen wir in Richtung Kescheid dem Hinweis der Hausnummern 25–29 und kommen mit dem Wanderweg zum Ort hinaus und im zweifachen Schwenk in den Wald. Nach einem halben Kilometer heißt es aufpassen: Hier verläßt der Wanderweg den asphaltierten Weg nach rechts und führt bei einer Bank vorüber, mit dem Forstweg durch den Wald. Noch steigt der Weg ein wenig an: Dies ist „der Hück", der alte Forst von Mehren, einst von Buchenhaubergwald bestanden, dessen Stangen auf den Meilerplätzen dieses Bergs zu Kohle wurden. Wo wir dann den Scheitelpunkt im Gelände erreichen, kreuzt ein Weg, der rechts die letzten Meter aufwärts bis zur Kuppe führt: Das ist die alte „Kohlenstraße" oder „Kohlstraße" zu den Siegerländer Hütten. Wir wandern weiter geradeaus, von nun an nur noch abwärts durch den Wald mit Fichten, Birken, später Lärchen, Kiefern, Buchen, einmal, zweimal über einen Weg hinweg, bis wir am Rand von Mehren die „Raiffeisenstraße" erreichen und links hinuntergehen, so, wie wir gekommen sind.

Kurzbeschreibung Tippeltour 11

Weglänge: 12 km.

Anfahrt:
Über A 3 oder A 59 auf A 560 und über AS Hennef Ost auf der
B 8 in Richtung Altenkirchen, über Uckerath bis Kircheib; hinter
dem Ort rechts ab und über Fiersbach nach Mehren. Begrenzte
Parkgelegenheiten im Bereich der Kirche oder am Friedhof. Mit
öffentlichen Nahverkehrsmitteln sehr umständlich: Mit der S 12
bis Au/Sieg, mit der „Westerwälder Bahn" (RB) bis Altenkirchen
und von dort mit Bus 482 bis Mehren. (Auskunft 0 26 81-43 33).

Wanderkarte:
1 : 25.000 Naturpark Rhein-Westerwald, Blatt 2 (Nord)

Wanderweg:
Weg „2" südwärts, mit „Raiffeisenstraße" über Mehrbach hinweg
und Fahrweg hinan, hinter Haus 9 rechts auf unmarkierten Forstweg und am Mehrbach entlang, teils mit schwieriger Orientierung.
Oberhalb der Hardtmühle an Brückchen heran mit Furt. Von hier
2 km bachabwärts, weiter auf dem linken Ufer bis zu einem
Fußgängerbrückchen. Hier halblinks in der Böschung hinauf und
nach Kescheid. Ab Haus 13a links mit Landstraße Richtung Flammersfeld durch zweiten Ortsteil von Kescheid (Zeichen „+"). An
Einmündung „Bornstraße" halblinks nach Püscheid. Bei Haus 9
Weg rechts an Hardt vorüber und ins Tal des Ahlbachs. Hier links
auf unmarkiertem Weg dem Bach entgegen bis nach Ahlbach.
Von der Brücke links mit Weg „2" auf die Höhe bis Hahn, in der
Dorfmitte links in Richtung Kescheid (Hausnummern 25–29) und
in den Wald. Nach 500 m Fahrweg nach rechts verlassen und
durch den Wald, über den Hück mit Querwegen, zurück nach
Mehren („2").

Einkehrmöglichkeiten: Längs der Strecke gibt es keine Einkehrmöglichkeiten. In Mehren-Adorf/Seifen „Landhaus Mehren" (Tel.
0 26 86-86 23), werktags ab 17:00 Uhr, am Wochenende ab Mit-
tag; mittwochs und donnerstags Ruhetag).

Auskunft: Westerwald-Touristik: 02681-8 13 58.

Der Weg am Mehrbach kann stark morastig sein.

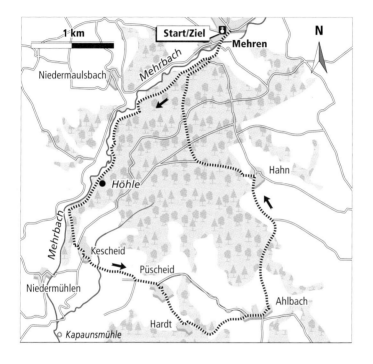

Tippeltour 12:
Hängebrücke über dem Fluss

Mit ihren 90 Kilometern ist die Wied der längste Fluss im Westerwald, der einzige von dieser Größe, der ihn nie verlässt. Zweimal ändert sie auf ihrem Lauf die Richtung: bis Altenkirchen schlängelt sie sich reichlich nordwärts durch die Wiesen, bis Neustadt dann einigermaßen nach Westen, ihr Unterlauf zuletzt ist ganz entschieden südwärts ausgerichtet, so dass die Mündung in den Rhein nur wenig mehr als dreißig Kilometer weit entfernt ist von der Quelle.

Auf seinem Lauf hat sich der Fluss beharrlich in den Fels des Urgesteins gekerbt und bietet Wanderern das schönste Panorama, seit 1994 an die 100 Kilometer weit auf einem Wanderweg, der nach ihr heißt, freilich auch den größten Widerstand, ganz wie im richtigen Leben nach Schiller: „Segen ist der Mühe Preis", so heißt es im „Lied von der Glocke" und reimt sich wie von selbst auf „Stirne heiß" und „Schweiß."

Wir beginnen auf der Höhe: Die schmucke Strauscheider Kapelle St. Mariä Heimsuchung mit ihrem runden, weißen Turm von 1933 geht der Legende nach zurück bis in die Zeit der Pest. Damals rumpelte der Leichenkarren Tag für Tag den Berg hinab nach Neustadt, zum Friedhof von St. Margarita, da gelobte eine Bauersfrau, der Muttergottes hier eine Kapelle zu spendieren, falls der Schwarze Tod an ihr vorüberginge. Der Herrgott half, die Bauersfrau hielt Wort – und hatte nun auf lange Zeit den frommen Bau für sich, denn als habe Gott sie mit dem Rechenstift beim Wort genommen, überlebte sie als einzige die Pest in Strauscheid.

Von hier aus folgen wir der Straße in das Wiedtal („Niederhoppen") zum Ort hinaus, vorüber an der Schießbahn und dem Schützenhaus der Sankt-Hubertus-Jünger von 1925. Rund 100 Meter weiter biegen wir bei einem weißen Kreuz und einer Bank nach rechts in den gesperrten Fahrweg ein. Bald taucht zur Rechten fern die Wiedtalbrücke der Autobahn von 1974 auf, davor erkennen wir den Bergfried von Burg Altenwied, 13 Meter hoch bei 46 Meter Umfang, alles aus dunklem Basalt!

Der Fahrweg bringt uns weiter in das Tal der Wied, mit Schwung nach Oberhoppen und vorbei am kleinen Spielplatz, bis wir am

Kruzifix von 1927 unten auf die Wiedtalstraße stoßen und sie überqueren. Gleich gegenüber („Oberhoppen 20–29") wandern wir dann weiter, gehen 30 Meter weiter rechts und erreichen bei dem letzten Stallgebäude links die kleine Hängebrücke über die Wied. Die Planken liegen fest auf straff gespannten Trossen und federn doch erheblich, als wir Schritt um Schritt das Flüsschen überqueren. Im Schatten nah der Uferweiden liegen Kühe, ganz dem Wiederkäuen hingegeben. Wir wandern zwischen Weideland und Ackerflur zur Rechten weiter bis auf einen Querweg am Sockel der Böschung. Hier gehen wir nach links und finden an der Eiche gleich zum ersten Mal das Zeichen des Wied-Wanderwegs („W"), der, von der Höhe kommend, hier erneut das Tal erreicht (Gelegenheit zum Abstecher nach Altenwied). Wir wenden uns nach links und folgen nun dem Karrenweg, der in der Böschung ansteigt. Rasch haben wir den Fluss tief unter uns gelassen. Der Weg ist in den Fels gekerbt und führt durch hohen Eichenwald mit einzelnen Kiefern dazwischen. Zweimal geht es über einen Wasserlauf hinweg. Nach einem Dreiviertelkilometer in der Böschung, wo wir tief am Wasser eine Gruppe Holzchalets entdecken, gilt es, Acht zu geben: Hier müssen wir, noch vor dem dritten Bachlauf, den breiten Weg nach rechts verlassen und in der Böschung vor der Kerbe auf einem Graspfad weiter steigen, weiterhin mit einem gut markierten „W". Es geht im Schwenk nach rechts und

Gefedert, nicht geteert

Von junger Bergmannshand geschlagen

lange Zeit hinauf, bis wir zuletzt den festen Weg erreichen, der ohne nennenswerte Steigung den Formen des Geländes folgt.

Nun wandern wir nach links und lange weiter mit dem guten Wirtschaftsweg im Wald, an einzelnen Abzweigungen links und rechts vorüber, immer weiter mit dem Wiedtalweg. Nach etwa einem Kilometer passieren wir den Kegel des Strödter Hügels, einer ausgeräumten Kuppe von Basalt, der rechts wie links in dichten Brocken im Gelände liegt. Es geht ein wenig noch durch dunklen, monotonen Fichtenwald, zuletzt zum Wald hinaus und zwischen Weidezäunen weiter geradeaus.

Hier halten wir uns halblinks zwischen Wiesen auf dem Grat der Höhe, entlang an einer Reihe Eichen, unter der Starkstromleitung hindurch und weiter auf dem Höhenweg („W"). Bei der ersten Kuppe nah dem Weg kommen wir durch einen Riegel Eichenwald, dann geht es weiter auf dem Höhenrücken durch die Wiese. Links vor uns, auf der Höhe gegenüber, liegen Rahms und Strauscheid. Noch einmal geht es in den Wald, an einem zweiten Höhenpunkt vorüber und auf dem schmalen Rücken weiter, vorbei an Lärchen, Kiefern, jungem Eichengehölz. Links führt ein Pfad nach Sengenau hinab. Wir bleiben auf dem Grat der Höhe, die links und rechts im Fichtenwald nun immer steiler wird. In jungem Laubwald finden wir den Hinweis auf den Abstieg in der Böschung und kommen rechts auf schmalem Pfad hinab, im Zickzack bis ins Tal. Hier folgen wir auf einem breiten Weg nach links dem Bach, der schon mit seinem Namen, „Anxbach", einen Hinweis auf die Enge gibt, die er in die Grauwacke gegraben hat.

Nach 350 Metern, gegenüber einer kleinen Uferwiese, finden wir im Fels zur Linken ein Marienbild von 1872 mit einer Schrifttafel des Linzer Bergmanns Johann Wiemer von 1927: „Ich schlug mit junger Bergmannshand / es einst in diese Felsenwand / auf das in dieser Einsamkeit / Gott loben willst in Ewigkeit." In der Grube Anxbach, deren Abraumhalden am Sengenauer Stollen noch zu sehen sind, wurde bis zum 1. 1. 1960 Erz gewonnen, zuletzt in einer Tiefe von 430 Metern. 1875 waren, noch im Tagebau, 200 Arbeiter beschäftigt, zehn Jahre später ruhte vorerst der Betrieb und wurde erst im Kriegsjahr 1940 wieder aufgenommen, für Jahre nun mit hundert Mann. Rund 70, 80 Tonnen wurden damals täglich aus dem Berg geholt.

Wir wandern weiter mit dem Bach, kommen noch auf seine rechte Seite und erreichen an der Talstraße, von „Rasen-Heini" schriftlich willkommen geheißen, den Campingplatz in der Als-Au: Ein Bindestrich am rechten Ort erstickt hier schon im Ansatz je-

des irreführende Verständnis! Hier stand einmal die Weißenfelser
Hütte, in der das Erz der Gruben gleich verhüttet wurde. Wir überqueren nun die Straße vor dem „Freizeit-Treff" und nehmen
rechts den Fahrweg „In der Als-Au" und hinab von der Chaussee.
Der Weg schwenkt links und bringt uns gleich über die Wied. Zur
Linken, wo der kleine Fluss im spitzen Winkel durch die Felsen
fließt, entdecken wir das nächste Ziel, die Aussichtskanzel auf der
Weißenfelser Ley. Es geht nun zwischen Caravans und Wochen-
endhäusern hindurch. Gleich hinter dem letzten Gebäude zur
Rechten verlassen wir den Fahrweg vor der Schranke und steigen links im felsigen Boden bergauf.

Nach kurzem Aufstieg schwenkt der Weg erneut nach links und
steigt so weiter einem Wasserlauf entgegen; nach weiteren 200
Metern geht es dann scharf rechts, der Weg verläßt den Bachlauf
und steigt nun in der Böschung weiter, oben sacht nach links und
immer noch nach oben, bis wir vor dem nächsten Linksknick eine
Bank erreichen, gestiftet vom Wanderclub „Als Au". Hier folgen
wir dem Weg nun scharf nach links, noch immer aufwärts und zuletzt zum Wald hinaus auf eine freie Weidefläche auf der Höhe.
Vor uns liegt nun Weißenfels. Gut 30 Meter vor dem Gittermast
der Stromleitung nehmen wir den Feldweg schräg nach links und
kommen so nach 100 Metern an das Ende einer Reihe Pappeln
in der Mulde. Hier geht es noch einmal nach links und um die
Baumreihe herum und auf der Wegspur durch die Wiese keine
100 Meter weiter, an den Wald heran. Dort, wo eine Stromleitung
die Wiese überquert, findet sich ein Durchlaß im Gesträuch, und
wir folgen nun dem Pfad nach rechts, hart am Oberrand der steilen Wand im Wald entlang.

Noch vor der letzten Höhe finden wir dann links die Aussichtskanzel auf der Weißenfelser Ley: Tief unter uns die Wied mit
ihrem Campingplatz, fern Sengenau, im Kerbtal hinter jenem grünen Höhenrücken, über den wir gekommen sind, unsichtbar der
Anxbach. Es geht zurück zum Weg und nun nach links, an
einer kleinen achteckigen Schutzhütte vorüber und auf dem
Oberrand der schroffen Höhe an das erste Haus von Weißenfels
heran. Dahinter gehen wir nach rechts bis an ein Kruzifix „zu
Ehren des hl. Josef". Das Dörfchen ist zu klein für eine Gastwirt-
schaft, doch im Bedarfsfall hat auch der Getränkevertrieb einen
Ausschank. Wir nehmen hinter dem Kreuz und der Zufahrt zu
dem schmucken Holzhaus (Nr. 18) links den Weg zum Dorf hinaus und kommen in die Wiesen. Nach 200 Metern geht es über
einen Querweg hinweg, nach weiteren 200 abermals und halb-

Auf der Weißenfelser Ley

rechts weiter, bis wir dann nach reichlich 100 Metern am nächsten Wegekreuz den Weg nach links verfolgen, am Damwildgehege vorüber, und hier den Querweg rechts verfolgen. Wo er sich gabelt, halten wir uns links, hinab, kommen an die Waldecke heran und steigen links ein letztes Mal hinauf. Mit der Straße geht es dann nach links, den Gipfeln des Siebengebirges entgegen, am Kreuz vorbei und so zurück nach Strauscheid.

Kurzbeschreibung Tippeltour 12

Weglänge: ca. 12 km (ggf. zzgl. 3 km für den Abstecher nach Burg Altenwied)

Anfahrt:
A 3 bis AS Neustadt/Wied, dort Beschilderung nach Strauscheid folgen (3 km), Parkplatz am Ortsrand, außerhalb der Gottesdienstzeit an der Kirche oder im Ort. Mit der Eisenbahn bis Neuwied und von dort mit dem Bus nach Neustadt, Linie 3101 des RWN (Tel. 02631-35 24 24) bis an die Abzweigung nach Strauscheid heran (werktags stündlich, am Wochenende nur alle zwei Stunden).

Wanderkarte:
1 : 25.000 Naturpark Rhein-Westerwald, Blatt 2 (Nord)

Wanderweg:
Mit der Straße „Niederhoppen" dem Wiedtal entgegen, 100 m hinter Schützenhaus rechts, mit Fahrweg abwärts nach Oberhoppen. Straße überqueren und nach 30 m rechts bis Hängebrücke. Die Wied überqueren und links mit Wied-Wanderweg („W") in der Böschung bergauf und kilometerweit den Fluss entlang. Abstieg zur „Als-Au", Talstraße überqueren und gleich mit Fahrweg „In der Als-Au" über den Campingplatz. Hinter dem letzten Wochenendhaus links und wieder links bergauf, in einer scharfen Kehre über einen Wasserlauf und bis zur Bank des Wanderklubs „Als-Au". Links weiter und zum Wald hinaus. 30 m vor Gittermast Feldweg schräg nach links zur Weißenfelser Ley. An Schutzhütte vorüber und an Weißenfels heran. Hinter Zufahrt zu Haus 18 links, zum Dorf hinaus, zwei Querwege kreuzen, dann nach 100 m links bis an Gehege vorüber, Querweg rechts, bei Gabelung links und von der Waldecke links hinauf zur Straße und links zurück.

Einkehrmöglichkeiten: „Westerwälder Hof" (Tel. 0 26 83-3 11 02).

Auskunft: Gemeinde Neustadt 0 26 83-9 30 51-0 ; Touristik Verband Wiedtal 0 26 38-40 17.

Der Weg weist erhebliche Steigungs- und Gefällstrecken auf.

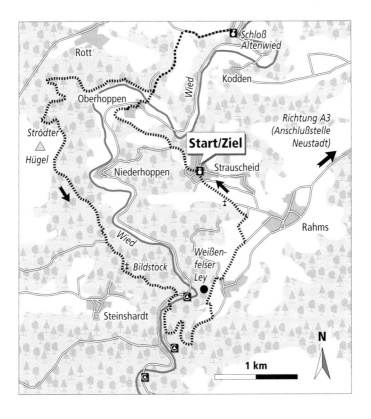

Schloß
Altenwied

Rott

Wied

Kodden

Oberhoppen

Richtung A3
(Anschlußstelle
Neustadt)

Strödter

Hügel

Start/Ziel

Niederhoppen

Strauscheid

Wied

Rahms

Weißen-
felser
Ley

Bildstock

Steinshardt

N

1 km

Tippeltour 13:

Kein Elend mehr am Armutsbach

Reich war die Eifel nie. Sie galt vielmehr als Armenhaus der Rheinprovinz, und am ärmsten war sie lange Zeit im Landkreis Adenau. „Tiefernst und stumm ist hier die Welt, in diesen öden, unfruchtbaren Weiten": So sang der Dichter Wolfgang Müller, der um die Mitte des vergangenen Jahrhunderts die Ahr hinaufgewandert war, in seinem Lied „Die Eiffel". Die Menschen darbten, und das Vieh litt Not, nur die Poeten fanden dazu schöne Jamben.

Die Weiden, schrieb ein Augenzeuge 1836, seien hier so schlecht, „dass die Kühe und Rinder nicht selten darauf zusammenfallen". Den WInter über lag das Vieh im Stall, weil es zu schwach zum Stehen war, und es galt als „Meisterstück" des Bauern, „wenn die Kuh im Frühjahr ohne seine Beihilfe aufstehen kann..." Die Aremberger Herren, Grundbesitzer in der Gegend, schafften schweres, holländisches Vieh herbei: Vier Generationen danach war es so mager wie das Eifelvieh. „Die Spielereien der Vornehmen sind lehrreich", bemerkte dazu der Chronist von 1836, Johann Nepomuk von Schwerz, mit subversivem Spott.

So las man denn die ersten Briefe aus Amerika wie Liebesgrüße aus Schlaraffenland: Es gebe Fleisch genug für jedermann, für jede Arbeit habe man Maschinen, und namentlich das Rindvieh stehe voll im Saft: „Die Ochsen gehen hier geschwinder als die Pferde bei Euch!" Am Kölner Buttermarkt warb Hermann Lindemann dieweil für Dampferfahrten, einfach, „nach allen Theilen von Amerika", und tatsächlich verließen um die Mitte des Jahrhunderts 24333 gezählte Eifelbewohner ihre heimische Scholle, in Wirklichkeit noch weitaus mehr: geschätzte vierzig- oder sechzigtausend! „Ganze Dörfer wollten ihre Stätte räumen", schrieb Gottfried Kinkel, der berühmte Wanderer der Ahr. So etwa Hümmel nahe Aremberg: Die Wälder wollten sie zu Dollars machen, dann wollten sie hinfort bis auf den letzten Mann, „der Priester voran mit Kreuz und Fahne".

Doch Hümmel liegt noch immer wohlbegründet auf der Höhe. Wir kommen durch das mehrfach preisgekrönte Ohlenhardt hinauf nach Wershofen, unser heutiges Ziel, von Hümmel durch ein tiefes Tal und den Segelflugplatz Wershofen-Eifel getrennt. Nichts erinnert hier mehr an die alte Not, dafür prangt nun unterhalb des Ortes, auf der Sonnenseite an der neuen Straße, neuer Wohlstand mit Landhäusern im Landhausstil. Nur der Bach, in dessen Tal wir auf dem Rückweg wandern, erinnert an das Elend alter Tage mit seinem Namen: „Armutsbach".

Wir gehen auf der „Hauptstraße" an der Vincentiuskirche vorüber und weiter durch den Ort. In der Biegung der Straße, wo sie hinabschwingt bis ins Ahrtal, halten wir uns geradeaus, an der kleinen Kapelle vorüber, und kommen mit der „Kottenborner Straße" geradewegs zum Ort hinaus und in die freie Feldflur („A 2"). Zur Rechten ragt der vulkanische Kegel des Arembergs auf, weit vor uns sehen wir den Turm der Relaisstation auf dem Schöneberg, 670 Meter hoch, also zweihundert höher als wir. Der asphaltierte Weg führt sacht hinab. Wo er wieder ansteigt, kommt von links ein weiterer hinzu. Wir gehen weiter geradeaus bis an die Gabelung nach 150 Metern, hinter der die Kuppe ungerodet liegt. Hier halten wir uns auf dem festen Sandweg links, vorbei an einer Balkenwippe für die Kinder, an Ginster und Brombeergebüsch und einer schlichten hölzernen Hütte zur Linken.

Die Mühle des tauben Jan

Noch bringt uns jeder Schritt ein Stück hinauf, das weite Eifelland liegt bunt gemustert uns zu Füßen, grün die Weiden, gelb die Felder, ringsum an den Hängen dichter Wald. Auch unser Weg führt auf ein kleines Waldstück zu, schwenkt vorher rechts und bringt uns auf die Höhe mit dem Kottenborner Kreuz. Vor dem dunklen Kreuz steht unter Fichten eine weiße Kapelle mit einem Reliefbild, das den Wiederauferstandenen inmitten seiner Urgemeinde zeigt. Nur wenig weiter gibt es einen Rastplatz mit zwei Bänken. Von hier aus führt der Weg nun wieder sacht hinab, zwischen Ginster und Kiefern hindurch und abermals ins Freie. Als wir die rauhe Kuppe hinter uns gelassen haben, stößt unser Grasweg auf einen geschotterten Weg, der uns links und weiter abwärts durch die Feldflur bringt, am Ende in den Wald. Hier führt der Weg „A 2" vor einem Fichtenstück im Schwenk nach rechts, hinab, und vereinigt sich darauf mit einem zweiten Weg, der als „A 3" von rechts dazustößt und nun ebenfalls nach links hinabführt.

In wiederholten scharfen Kehren führt der Weg den steilen Grat des Kottenborner Bergs hinab. Es geht hier durch lichtloses Nadelgehölz. Wo der Weg dann Buchenstangenwald berührt, knickt er noch einmal nach rechts, führt zurück ins Dunkle, bis wir die Fichten bald darauf verlassen haben. Hier verlassen wir auch den bequemen Weg und steigen links, im spitzen Winkel, wieder ab. Unten schimmert schon das Bachtal durch die dünnen Buchenstämme. Dann trennen sich die Wanderwege wieder: Weg 3 führt nach rechts, wir gehen weiter mit dem Weg „A 2". 300 Meter, sagt ein Schild an einem Baumstamm, sind es noch bis ins Tal an die Daubiansmühle.

Am Fuß des Berges führt der Weg uns durch die Wiese bis an die Böschung über dem Bach. Jetzt geht es rechts, verrät ein Schild, noch 100 Meter weit. Doch schon nach etwa 50 Metern, wo die Büsche deutlich zurückspringen, wenden wir uns links und folgen einem Pfad bis an das einsame weiße Gebäude, das zwischen Bach und Böschung liegt.

Das ist die Daubiansmühle, ehedem „Taubians-" oder „Tobiansmühle", keine zwei Kilometer vor der Mündung in die Ahr am Armutsbach gelegen, 800 Jahre lang Getreidemühle, seit 1928 Gasthaus und ab 1932 im Familienbesitz. Die Aremberger Müller wußten wohl am besten, wie nährstoffarm der Boden oberhalb des Ahrtals war. Die Bauern trieben Raubbau mit dem Wald in ihrer Not, sengten Büsche, Heidekraut und alles Grüne ab und streuten Roggen in die aufgehackte Asche. Diese sogenannte „Schiffelwirtschaft" brachte einmal karge Frucht – und jahrelang

Weg bei Wershofen

verbrannte Erde. So könnte denn der Bach mit seinem Namen wirklich „Armut" meinen: nämlich die des Bodens.

Wir wandern weiter, auf der Brücke über den Bach, was auch bedeutet, von Rheinland-Pfalz nach Nordrhein-Westfalen. Von der Brücke geht es geradewegs im Schwenk hinauf, am weißen Einzelhaus vorüber, an die kleine, wenig befahrene Straße. Ihr folgen wir nach links durch eine weite Kehre, wo auf beiden Seiten Wege münden, dann weiter, bis der Fahrweg in seiner Linkskehre den Brömmersbach überbrückt. Hier verlassen wir jenseits des Damms die kleine Straße und folgen links nun dem gesperrten Weg in die Böschung.

Eine Zeitlang sehen wir noch über uns die Straße, dann führt der alte Karrenweg hinab und bringt uns wieder an den Armutsbach heran. Bald geht es auf einer Brücke über das Wasser hinweg und weiter, nah am Fluss und seinem Lauf entgegen durch das gewundene Tal. Bei einem Weg, der links hinzustößt, wird der Talgrund zum Naturschutzgebiet. Hier kreuzen wir ein zweites Mal den Bach und wandern nun erneut an seinem linken Ufer, vorbei an einer dritten Brücke gut einen halben Kilometer weiter.

Dahinter wird der Talgrund breit und baumlos. Hier stehen Kühe auf der Weide zwischen Inseln aus hohen Brennesseln.

Erst wo das Tal dann wieder eng wird, wird es auch Zeit für den Aufstieg. Hier kreuzt ein Wanderweg das enge Tal des Armutsbachs, wir folgen seinem Keil nach links, kommen auf einem Brückchen aus dicht gelegten Stämmchen über den Bach und wenden uns am Fuß der Böschung rechts. Nach ein paar Metern steigt der Weg dann deutlich an, trifft bald darauf auf einen breiteren, mit dem es weiter aufwärts geht. Als dieser Wirtschaftsweg nach kurzem Aufstieg rechts schwenkt und nun ohne Steigung weiterführt, weist uns der Keil nach links auf einen Pfad, der kaum erkennbar in der Böschung durch die Fichten weitersteigt, vorbei an Fingerhut und weichem Gras. Oben stoßen wir auf einen breiten Weg, und wie bestellt steht gegenüber eine Bank.

Wir wenden uns nach links, doch keine fünfzig Meter weit, dann geht es rechts im spitzen Winkel abermals hinauf, zum Wald hinaus und mit dem Linksknick auf die freie Höhe. Dort stoßen wir auf einen asphaltierten Weg, dem wir nun einen Kilometer weit bis an den Rand des Ortes folgen, vorbei am Schießstand der Sebastianusschützen und gleich daneben auch vorbei an einem offensichtlich neuen Kruzifix aus grauem vulkanischen Stein, das keinen Herrgott zeigt, kein Herz und keinen Totenschädel, nur

Sankt Molar

einen flachen Backenzahn. Ein Schelm, wer dabei Gottesläster-
liches dächte.

So erreichen wir Wershofen und die „Nordstraße", wo unser Weg
nach rechts schwenkt, an einem kleinen Teich vorüberführt, vorbei am alten Forsthaus und am Friedhof auf dem Berg, auch noch
am Bildstock an der „Bergstraße" vorüber und mit dem Keil bis in
die „Raiffeisenstraße" hinein. Hier verlassen wir den Wanderweg
und folgen links der stillen „Gartenstraße" geradewegs zurück zur
alten Kirche von Sankt Vincentius.

Kurzbeschreibung Tippeltour 13

Weglänge: 11 km

Anfahrt:
A 1 bis AS Blankenheim, dort L 115 in Richtung Ahrhütte; nach
4,5 km Abzweigung links und über Ohlenhardt nach Wershoven.
Oder über Ahrtalstraße B 257 und ab Dümpelfeld L 73 über
Schuld, nach ca. 4 km rechts hinauf nach Wershofen. Parkplatz
„Dorfplatz" nahe der Kirche rechts der Straße.

Wanderkarte: 1 : 25.000 Hocheifel, Nürburgring, Oberes Ahrtal
1 : 25.000 (Wanderkarte Nr. 11 des Eifelvereins)

Wanderweg:
Über „Hauptstraße" und „Kottenborner Straße" zum Ort hinaus
(„A 2"). Bei Gabelung auf Sandweg links, ansteigend, an Kottenborner Kreuz vorüber und nun weiter, sacht hinab. Im Wald in
Kehren abwärts und mit „A 2" bis zur „Daubiansmühle". Bach
überqueren und bis zur Straße steigen. Mit ihr links durch weite
Kehre. In der nächsten Linkskehre, jenseits des kleinen Zulaufs,
links hinab und dem Armutsbach entgegen. Zweimal den Bach
überqueren, an einer dritten Brücke vorüber und mit Eifelvereins-
weg 3 (Keil) links über den Bach und Aufstieg nach Wershoven.
„Nordstraße„ rechts, über „Raiffeisenstraße" (Keil) und „Gartenstraße" zurück.

Einkehrmöglichkeiten:
Landgasthaus Pfahl (auch Hotel) nahe dem Start an der Hauptstr. 78, Tel. 0 26 94-2 32 (Dienstag Ruhetag). Jagdhaus Hotel
Kastenholz (mit Damwild), Hauptstr. 1, Tel. 0 26 94-3 81 (Mittwoch Ruhetag).

Auskunft: Tourist-Information Adenau, Kirchstr. 15, 53518 Adenau, Tel. (02691) 30516, Fax. 30518

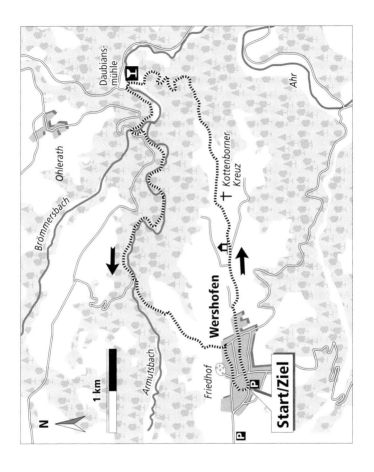

Tippeltour 14:
Ursulinen und Gehenkte

Wer in der Welt herumkommt, kann vergleichen; und wer auf Wallfahrt in Jerusalem gewesen ist, der findet leicht in jedem Hügel vor dem Stadttor Golgatha. So kam vor langer Zeit ein Ritter an die Ahr und sah ein wenig außerhalb des Mauerrings von Ahrweiler, gut eine Viertelstunde Fußwegs von der Kirche Sankt Laurentius entfernt, den Richtplatz auf dem „Kop" mit Rad und Galgen. „Kop" war der Name eines Felsenbuckels, wie er ihn zuletzt auf Palästinafahrt gesehen hatte. Sollte der nicht auch, wie Golgatha, zum Zeichen werden können? Der Galgen musste fort, stattdessen wurde eine hölzerne Kapelle auf den Berg gebaut – zum Besten der Gehenkten: zwar wurde weiter hingerichtet an der Ahr, in Zukunft unterhalb, am Fuß der alten Stätte, das Kreuz jedoch besänftigte fortan die ruhelosen Seelen der Verdammten. Und wo der Wanderer zuvor nur bangen Muts vorbeigezogen war, dort schaute er nun festen Auges auf den Berg und schlug sein Kreuz.

Soweit die fromme Überlieferung. Wem sie beim Wandern an der Ahr begegnet, der sieht, was aus dem einfachen Kapellenbau von 1505 so alles werden konnte: Ein Klotz von einem Kloster, ein neogotischer Hochsicherheitstrakt, uneinnehmbar aufgetürmt nach dem Geschmack des Jahres 1897, inzwischen längst bestraft durch den modernen Anbau, der sich vergeblich in die Böschung duckt.

Hier machen wir uns auf den Weg. Vom Wanderparkplatz oberhalb des Klosters wandern wir dem Berg entgegen und gehen bei der ersten Gabelung gleich rechts ins Tal. Hier überqueren wir den Wingsbach, passieren einen Fahrweg, der scharf rechts abzweigt, und wandern dann bachaufwärts weiter. Nach 100 Metern dann verlassen wir den asphaltierten Weg und folgen nun, im spitzen Winkel rechts zurück, dem Weg „A 8", der in der Böschung aufwärts steigt (entgegen der markierten Laufrichtung!). So geht es um den Berg herum; bei der Gabelung nach 250 Metern halten wir uns links, kreuzen bald darauf den Rundweg „15" und steigen in der Böschung weiter an. Keine 200 Meter weiter knickt unser Weg nach links und führt auf eine Lichtung mit einer

Wiese zu. Hier schwenkt der Wanderweg nach rechts und führt nun breit und zwischen Kiefern weiter aufwärts.

Nach etwa 700 Metern geht es nochmals links, bis dann der Weg 200 Meter später, bei einer grünen Bank, erneut nach rechts schwenkt („A 8") und uns nun durch Erika und Heidelbeeren, zwischen Lärchenwald und Kiefern, höher bringt, an einer zweiten Bank vorbei, vorüber an zwei unmarkierten Wegen, die nach links verlaufen. Nach einem Schwenk nach rechts erreichen wir die Höhe mit einer Schutzhütte am Weg. Dahinter, auf dem markanten Buckel Steinthalskopf, steht ein dreistöckiger Aussichtsturm aus Holz. „Aussichtsturm – nicht mit mehr als 10 Personen betreten!", lesen wir an seiner Seite.

Exakt 417,80 Meter sind wir hoch, den Turm dabei noch nicht gerechnet. Weit reicht der Blick an diesem Morgen nicht, kaum mehr als bis zum Krausberg mit seinem steinernen Turm, zwei Kilometer weit entfernt bei Dernau. Ansonsten sind die Berge der Umgebung auch im Sonnenlicht nur schemenhafte Silhouetten. Am Fuß des Turms steht schwarz ein geschmiedetes Kreuz, das Werk von jungen Schlossern aus dem Jahre 1959.

Vom Turmgerüst hinab, an der Hütte vorüber, überqueren wir geradewegs das Wegekreuz und folgen weiterhin derselben Richtung. Der Weg „A 8" läuft ohne Steigung weiter, schwenkt sacht nach links und bringt uns dann bei einer braunen Bank an ein Wegedreieck. Hier wandern wir nun rechts und wie auf einer Höhenlinie mehr als einen Kilometer weit, ohne links und rechts auf Querwege zu achten. Zweimal steht am Rand des Weges eine Bank für die Rast; am Ende schwenkt der Weg nach links und um die flache Kuppe herum, und wir erreichen eine Hütte und das „Schwarze Kreuz". Fünf Wege laufen hier zusammen. Links ragt das alte Basaltlavakreuz aus einem Haufen von Steinen heraus und kündet noch nach mehr als drei Jahrhunderten buchstäblich lapidar von einem Todesfall in Heckenbach im Sommer 1682: „Stephanvs Mohr avs H.Bach TOD".

Vom Kreuz aus wandern wir rechts an der Schutzhütte vorüber (Hinweis „Steinerberghaus") und in derselben Richtung weiter. Zur Rechten folgt anfangs ein hölzerner Wildzaun dem Weg, der bald nach einem Schwenk auf einen breiten Querweg stößt. Hier wenden wir uns rechts und wandern nun schnurgeradeaus und weiter mit dem Weg „A 8", zur Rechten Laubwald, Fichten links. Nicht lange, und wir kreuzen einen Weg, der schräg zu unserem verläuft. Mit ihm beginnt nachher der Rückweg. Doch vorher halten wir uns geradeaus, das letzte Stück nun deutlich aufwärts, bis

Nicht mehr als zehn Besucher

wir auf dem „Häuschen" stehen, der höchsten Stelle dieser Tour mit Schutzhütte und einem zweitem Aussichtsturm aus Holz. 507 Meter hoch ist der Vermessungsstein am Boden, 400 Meter höher als die Ahr. Hinzu kommt noch ein gutes Hundert Stufen. Der Turm ist, wie der erste auch, auf zehn Besucher zu derselben Zeit beschränkt. Wir zählen daher lieber nicht, als wir ein gutes Dutzend Wanderer beim Picknick auf der Plattform treffen.

Bei der Hütte haben wir den Wendepunkt erreicht. Von hier aus gehen wir zurück, vom „Häuschen" rasch hinab, bis wir nach etwa 150 Metern, an der bereits bekannten Kreuzung, links dem Zeichen des Wegs „17" folgen (auch diesmal gegen die markierte Richtung). Es geht im Buchenwald hinab; nach wieder 150 Metern stoßen wir auf einen breiten, geschotterten Weg. Hier gilt erhöhte Wachsamkeit: Nur etwa 35 Meter gehen wir mit ihm nach rechts, hinter dem ersten Hinweis auf den Rundweg „17" rechts am Baum verlassen wir den breiten Weg (der geradewegs zum Schwarzen Kreuz hinüberführt) nach links und folgen in der Böschung abwärts einer Spur im Gras, kaum einem Pfad, bis wir nach 150 Metern neben einer Bank aufs neue einen festen Weg erreichen. Er bringt uns nun nach rechts, zwei Kilometer weit im Mischwald und dabei immer deutlich abwärts. Zur Linken liegt das Geisbachtal, das sich am Ende mit dem Heckental vereint. Mehrfach stoßen Abfuhrwege für die Forstwirtschaft auf unseren be-

Am Weg

„Vom Turmgerüst hinab"

quemen Weg, bei einer Bank dann auch der Rundweg „16" auf den Steinthalskopf.

Eine Bank markiert auch den Verbindungsweg ins Geisbachtal. Als wir dann zur Linken statt der Böschung einen Felsenbuckel vor uns haben, verlassen wir den breiten Weg und folgen links dem Pfad zur Katzley oder Katzenley. Nach dem ersten Buckel folgt ein zweiter, dann ein dritter: erst auf dem vierten sitzt der Panorama-Pavillon wie auf dem Katzenbuckel, noch immer gut und gerne 100 Meter über dem Fluss. Auch vom Bad Neuenahrer Kurhaus führt ein Fußweg bis zur Ley. Hier könnte man, dem Hinweis folgend, das Wandern als Gesellschaftsspiel betreiben: „Sie haben Ihr Ziel erreicht. Nehmen Sie den Rückweg: Josefsruh, entlang der Ahr zum Kurpark."

Gegenüber liegt die Aussichtskanzel „Bunte Kuh". Tief unter uns entdecken wir dann auch den Felsenriegel dieses Namens hoch über dem Fluss und der Straße, der seit jeher für die Reisenden im Tal den Eintritt in das enge Felsgewirr der Ahr markiert. Von hier aus sieht er klein und unbedeutend aus, doch wir erkennen dafür oben um so besser, dass das Tal zur Rechten weit und eben wird. Wir gehen nun zurück und mit dem „Medizinischen Kurweg" („MK IV") ahrabwärts in die Böschung (auch „17"). Es geht in weitem Zickzacklauf hinunter bis zu einer Bank im Tal. Hier folgen wir dem Fluss, vorbei am Fußballplatz, bis an den Parkplatz „Josefsruh"; dort überqueren wir den Fluss und wandern drüben

in der Sonne weiter, ahrabwärts mit der „Herrestorfstraße". Hier
wächst am Fluss der Walporzheimer Rote, bei dem sogar Franzosen mit der Zunge schnalzten. Im 17. Jahrhundert kamen Lud-
wigs Truppen immer wieder an die Ahr, legten Ahrweiler zweimal
in Asche, aber lobten immerhin den Wein: „C'est bon de gout".
Die Winzer konnten kein Französisch, noch gab es nicht das Internat auf dem Calvarienberg, und weil die Eisenbahn noch nicht
erfunden war, verstanden sie nicht Bahnhof, sondern Sächsisch,
nämlich „Bunte Kuh".
Erst zu Beginn des 19. Jahrhunderts kam eine Schule auf den
Berg: Anfangs wurden in dem aufgelösten Franziskanerkloster
Knaben unterrichtet, 1838 zogen hier die Ursulinen ein, heute ist
das Kloster Ahrweiler das Mutterhaus des Ordens mit Mädchen-
Internat, Gymnasium, Realschule und Kindergarten.
Die kleine Brücke bringt uns über die Ahr und links hinauf zum
Kloster mit dem alten Kreuzweg in die Stadt. Dann kehren wir
zurück, folgen dem Weg „16" die Mauer entlang, ein Stück der Ahr
entgegen und unterhalb der Schulgebäude weiter, knapp einen
halben Kilometer weit und bis zum Parkplatz linker Hand die „Mai-
bach-Klamm" hinauf: So hieß und heißt der eingekerbte Weg am
Wingsbach unter Eingeborenen noch heute. An seinem Ende gab
es einst die Hühnerfarm Maibach mit Ausflugslokal, erschwinglich
für verliebte Ursulinenzöglinge und ihre männliche Begleitung, die
auf dem schmalen Pfad mit seinen ungezählten kleinen Brücken
unter hohen Eschen immer wieder Schattenplätzchen fanden, auf
denen sie einander näherkommen konnten.

Kurzbeschreibung Tippeltour 14

Weglänge: gut 11 km.

Anfahrt:
Mit der Ahrtalbahn am besten bis Walporzheim und dort beginnen (oder von Ahrweiler-Markt durch die Stadt zum ausgeschilderten „Calvarienberg"). Mit dem Auto über A 61 und A 573 bis Ahrweiler, der Beschilderung über die „Blandine-Merten-Straße" (benannt nach der 1987 seliggesprochenen Ursulinenschwester) zum Wanderparkplatz auf dem Calvarienberg folgen.

Wanderkarte:
1 : 25.000 Das Ahrtal (= Wanderkarte Nr. 9 des Eifelvereins)

Wanderweg:
Vom Parkplatz dem Berg entgegen, bei der ersten Gabelung rechts, über den Bach und bachaufwärts weiter. Nach 100 m im spitzen Winkel rechts Weg „A 8" verfolgen (entgegen der Laufrichtung markiert), der bald den Weg „A 15" kreuzt und in mehrfachen Schwenks den Steinthalskopf erreicht. Ohne Steigung weiter mit „A 8" zum „Schwarzen Kreuz" und zuletzt zum „Häuschen". 150 m zurück, am Wegekreuz links mit „A 17" (ebenfalls markiert in Gegenrichtung). Nach 150 m breiter Schotterweg, rechts und nach 35 m (Achtung!) Pfad nach links. Nach 150 m neuer breiter Weg, 2 km weit „A 17" bis Aussichtspavillon „Katzley". Ein Stück zurück und mit „MK IV" ahrabwärts, über die Josefsbrücke und mit der Ahr zurück.

Einkehrmöglichkeiten:
unmittelbar am Weg keine; in Walporzheim (über die Josefsbrücke zu erreichen) mehrere, u. a. Winzergenossenschaft Walporzheim, Tel. 0 26 41-97 73 74.

Auskunft: Ahrweiler 0 26 41-9 77 30.

Der Weg lässt sich zum Spazierweg verkürzen, wenn man vom Steinthalskopf Weg „16" abwärts nimmt und rechts dann auf dem Rundweg weiterwandert (vgl. Karte).

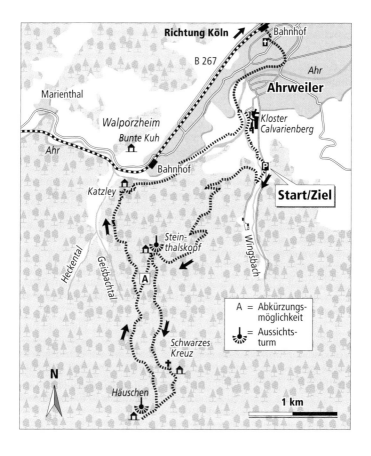

Richtung Köln

Bahnhof

B 267

Ahr

Ahrweiler

Marienthal

Walporzheim

Bunte Kuh

Ahr

Kloster
Calvarienberg

Bahnhof

Start/Ziel

Katzley

*Stein-
thalskopf*

Wingsbach

Heckental

Geisbachtal

A

A = Abkürzungs-
möglichkeit

= Aussichts-
turm

*Schwarzes
Kreuz*

N

Häuschen

1 km

Tippeltour 15:

Nichts außer unendlicher Weite

In Embken auf Gleis 1 am Bahnhof ist der Eilzug nach Düren angekündigt. Doch das Signal zeigt Rot: Hier fährt kein Zug mehr ein und keiner wieder ab. Wo einst die Gleise lagen, darüber ist schon lange Gras gewachsen. Und Endstation war Embken immer schon, der letzte Sackbahnhof der Voreifel. Bis in die fünfziger Jahre hinein verlud man hier noch die Rüben der Zülpicher Börde; dann war die Zeit der Eisenbahn für Embken, Juntersdorf und Füssenich vorbei.

Dafür halten nun zwei Busse an der Kirche die alte Verbindung mit Düren lebendig; und das gelbe, stattliche Barockhaus gegenüber, das jetzt die Arztpraxis beherbergt, war in den Tagen vor der Eisenbahn die Poststation. Hier gab es frische Pferde auf der Strecke nach Trier.

Der schmucke Ort war 1983 „Golddorf", ansehnlich und proper ist er nach wie vor – mit altem Fachwerk und bunten Fassaden rund um St. Agatha mit dem spitzen Turmhelm. Gegenüber dem Plätzchen am Frohnhof liegt die „Eisen und Material = Handlung v. Pet. Holzportz" mit der „Restauration zur Post" im Haus von 1892 an der „Liebergstraße". Hier machen wir uns auf den Weg, um hier zuletzt auch wieder anzukommen.

Vom kleinen Parkplatz an der Kirche gehen wir vor dem Barockhaus nach rechts in die „Frohnhofstraße", vorüber am Gedenkstein für die jüdischen Mitbürger von einst. Auch in Embken gab es einmal eine Synagoge, und auch hier ging sie in Flammen auf in jener „Reichskristallnacht" 1938.

An der nächsten Ecke nehmen wir die „Alte Schulstraße" nach links. Hier beweist ein altes Haus von 1689 mit einer Sandsteinstatt der Schiefertafel, dass es die Trennungsregeln nach der neuen Rechtschreibung schon 1689 gab. Dann wandern wir rechts mit dem „Gerberweg", am Ortsrand über ein Sträßchen und den kleinen Neffelbach hinweg und hinaus ins Offene. Links erhebt sich wiederaufgeforstet das Gelände: Dort liegt der Aushub der beiden Zülpicher Seen, die als Braunkohlegruben zuvor

St. Dionysius

kaum einen Blumentopf gewonnen hatten: die Kohle war zu schlecht, ihr fehlten ein paar Jahrmillionen.

Der Fahrweg bringt uns durch die frisch bestellte Flur, sacht aufwärts, an den Waldrand heran und bei einer alten Eiche schließlich durch den Wald. Bei einer grünen Eisenschranke verlassen wir den Streifen Wald und gehen auf dem Querweg rechts. Ab der nächsten grünen Schranke hat der asphaltierte Weg auch einen Namen und heißt nun „Auf der Heide". Hier stehen rechts und links je eine Handvoll Häuser längs der Straße. Bald erreichen wir bei einer großen Linde die Kreuzung der Umgehungsstraße oberhalb von Wollersheim. Wir gehen links und kommen so ein wenig abwärts mit der „Zehnthofstraße" durch den Ort.

Historiker mit Sinn für Nebenkriegsschauplätze kennen noch den „Frieden von Wollersheim" von 1388, Biertrinker schätzen schon seit 1791 das Obergärige der „Cramer-Brauerei", und Lokalpatrioten nennen ihre dunkelrote Backsteinkirche „Heilig-Kreuz" gerne „Eifeler Dom". Sie war bei ihrer Fertigstellung 1902 der Stolz im ganzen Dorf und wäre es vielleicht noch heute, hätte man da nicht die alte Kirche auf dem Friedhof stehengelassen. So aber sticht der schöne Bruchsteinbau noch als Kapelle die kühle Pracht der Neo-Gotik aus. „Eifeldome" gibt es viele, und dieser ist es sicher nicht, denn das ist nicht einmal die Eifel! „Zur Voreifel": So steht es auch am Gasthof links des Wegs. Hier kehren wir für ein, zwei Bier vom Nachbarn ein, dann sind wir wieder auf dem

Ins Tal des Neffelbachs

Weg, weiter mit der Straße durch den Ort. Beim Blick zurück erscheint die neue Kirche doppelt so, als sei sie von der Ostsee her-
geholt.
Die Straße krümmt sich hier nach links; wo sie bald darauf nach
rechts schwenkt, gegenüber Haus 25, halten wir uns vor der Muttergottes links und kommen mit dem asphaltierten „Trierer Weg"
zum Ort hinaus, „An der Lehmgasse" vorüber und geradeaus bis
in die freie Flur, vorbei an einer Vogelhecke und an einem Bildstock zur Rechten. Gut eineinhalb Kilometer geht es so nun geradeaus, der Weg steigt an auf dem Vlattener Berg und läßt uns
bald bis in die Eifel sehen, nach links auf Bürvenich und fern die
sieben Berge.
Schließlich unterqueren wir den Lauf der Hochspannungsleitung
und erreichen auf dem Mühlenberg ein Kruzifix bei einer alten Linde. 300 Meter hoch liegt hier die Ackerkrume – und nichts da, was
sich jetzt dem Wind entgegenstemmen könnte. Hier gehen wir
nach rechts und mit dem Fahrweg sacht hinab, auf Vlatten zu,
dessen Kirchturm hellgelb aus der Mulde ragt. Nach einem halben Kilometer gabelt sich der Weg, wir bleiben rechts und gehen
vor zwei Feldscheunen nach rechts, am Fußballplatz entlang und
dann nach links bis zur „Merodestraße" mit der Kirche St. Dionysius. Ihr Alter ist dem Bau mit bloßen Augen anzumerken: Der
Turm ist wenig höher als das Dach, doch fast so lang und breiter

als der dunkle Raum für die Gemeinde. Die Kirche geht zurück auf eine karolingische Kapelle, die zu einer Königspfalz gehörte, also weit bis ins 9. Jahrhundert, das Schiff stammt aus dem 12. Jahrhundert, und auch der Rest ist wenig jünger.

Ob die Pfalz hier im Bereich der Kirche lag, wie einige vermuten, oder weiter südlich, nur um Rufweite entfernt, ist nicht mehr mit Gewißheit zu ermitteln. Unbestreitbar aber ist das hier der Ort von „Vlatten-Camp", dem Zeltlager der schottischen Besatzer 1924, denn davon gibt es einen fotografischen Beweis: Auf diesen Wiesen standen ihre Zelte, dies war „Glen Vlätten" mit den bonny bonny banks of Vlätten stream.

Wir gehen weiterhin den Bach hinauf, auf der „Merodestraße" bis zu dem alten Gutshof an der nächsten Ecke. Hier steht „Burg Vlatten", der Nachfolgebau einer richtigen Burg, von deren Unterburg im Hintergrund ein Turm erhalten ist, Zinnenromantik hinter allerlei Gesträuch. Hier wenden wir uns rechts und folgen nun der Straße „Kollepütz", am „Klosterweg" und an der „Triftstraße" vorüber, durch den Ort, am Sandsteinkruzifix dann weiter mit der „Weberstraße" und bei einem zweiten Kruzifix dann mit dem „Ringweg" links. Dort überqueren wir sogleich die breite Bundesstraße und folgen dann dem Fahrweg gegenüber durch die Feldflur sacht hinauf.

Wollersheim

Linde im Wind

Bei einem Wegedreieck auf der Kuppe, von wo wir fern und auf
der Höhe Nideggen entdecken mit dem Zülpicher Tor, halten wir
uns geradeaus und steigen mit dem Feldweg wiederum bergab,
bis wir zuletzt, an Obstbäumen vorüber, bei einer einzelnen Eiche
den Weg im Tal erreichen. Das ist der Wanderweg „4 a", auch
„Wassermühlenweg" genannt, weil er ein Stück den Neffelbach
mit seinen Anrainern begleitet. Wir folgen seinem schwarzen Keil-
Symbol nach rechts, kommen bald auf einem asphaltierten kleinen Fahrweg weiter, und wandern stets dem jungen Bachlauf
nach. Wo wir nach mehr als einem Kilometer die Landstraße
schon vor uns sehen, kreuzen wir den asphaltierten Querweg und
gehen mit dem Feldweg weiter geradeaus, dann rechts ein Stück
im Schwenk die Landstraße hinauf und biegen dann nach 300
Metern links in den ersten Fahrweg ein.
Der Weg verläuft nun oberhalb des Baches in der Böschung, es
geht vorüber an dem schönen Bau der Gödersheimer Mühle,
dann in der Böschung weiter geradeaus, auch bei der Gabelung
noch immer nah am Bach, an eingehegtem Damwild vorüber. An
der nächsten Wassermühle unterhalb des Wegs empfängt uns
munteres Gebell: Hier züchtet man im Zwinger „Vom Dornenfeld"
Dackel, genauer: Rauhhaar-Jagdteckel, muntere Gesellen, die
sich vor Jagdlust kaum noch halten können.
Wir überqueren hier den Bachlauf und wandern mit dem Fahrweg
weiter geradeaus. Das prächtige Gemäuer der nächsten Mühle

dient jetzt als Firmensitz für „Reifen-Reuter". 400 Meter weiter knickt vor einem Brachstück unser gut markierter Wanderweg „4 a" nach rechts, wir halten uns auch gleich darauf beim Wegekreuz noch einmal rechts, kreuzen so den Bach und wandern nach dem Linksknick mit ihm weiter, immer noch dem schwarzen Keil entgegen. So passieren wir die nächste Mühle, die private Nicksmühle mit restauriertem Mühlenhaus und Wirtschaftsbauten in Ruinen.

Von hier aus ist es dann nur noch ein kurzes Stück bis an die Landstraße am Ortsrand mit dem alten Bahnhof, der gegenüber hinter der Grillhütte und dem Ziehbrunnen liegt. Zurück zur Kirche führt der kleine Fußweg zwischen Bahnhofsbau und Straße, auf einem Brückchen über den Bach, dann mit der Straße rechts, noch immer mit dem Bach, und noch vor dem „Palander Hof" dann mit der „Frohnhofstraße" links. Doch vorher mustern wir den alten Bahnhof, der wie die Requisite einer Spielzeugeisenbahn vom Maßstab eins zu eins seit vielen Jahren auf der grünen Wiese steht, ein Denkmal seiner selbst, geschützt wie schon in seiner guten alten Zeit: „Warnung – Das Betreten, sowie jede Beschädigung der Bahn ist verboten und wird nach aller Strenge des Gesetzes geahndet."

Kurzbeschreibung Tippeltour 15

Weglänge: ca. 13 km.

Anfahrt:
A 1 bis AS Euskirchen, Zülpich, auf B 265 in Richtung Schleiden
an Zülpich vorüber, vor Wollersheim rechts ab in Richtung Düren
nach Embken, Parkplatz entweder im Ortskern an der Kirche,
oder zuvor am Ortsrand rechts, am alten Bahnhof hinter der Grillhütte. An Werktagen ist auch die Anfahrt mit der Eisenbahn bis
Düren und von dort mit den Buslinien 31 und 98 möglich (Auskunft DKB 0 24 21-20 02 22).

Wanderkarte: 1 : 50.000 Freizeitkarte 22, Aachen, Jülicher Börde

Wanderweg:
Von der Kirche durch „Frohnhofstraße", „Alte Schulstraße" und
„Gerberweg", über Neffelbach hinweg ins Freie und durch Streifen Wald. Dahinter rechts („Auf der Heide"), an der Kreuzung links
nach Wollersheim („Zehnthofstraße"); durch das Dorf, an der Kirche vorüber und links mit „Trierer Weg" zum Dorf hinaus. Nach
fast 2 km Kruzifix, rechts auf Vlatten zu, bei Gabelung rechts und
wieder rechts, links um den Sportplatz herum und zur Kirche. Auf
„Meroder Straße" dem Vlattener Bach entgegen bis „Burg Vlatten", rechts mit „Kollepütz", „Weberstraße" und „Ringweg" links.
Bundesstraße überqueren, über flache Höhe hinweg bis auf Wanderweg 4a (Keil) und rechts, später ein Stück auf der Landstraße
und mit Weg 4a den Neffelbach hinab bis zum ehemaligen Bahnhof von Embken.

Einkehrmöglichkeiten: mehrfach am Weg, die erwähnte Gaststätte „Zur Voreifel" (0 24 25-16 02) hat montags Ruhetag.

Auskunft: Nideggen (für Embken und Wollersheim) 0 24 27-
8 09-32, Heimbach (für Vlatten) 0 24 46-8 08-18 oder 1 94 33.

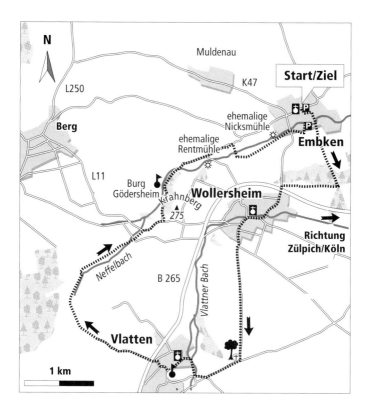

Tippeltour 16:

Die Muttergottes weist den Weg

Schuld und Sühne lagen niemals näher beieinander als Schuld und Insul an der Ahr: zwei Kilometer oder wenig mehr, und doch in alter Zeit kein Kinderspiel für Reisende. Als der Bonner Lehrer, Kirchengeschichtler und Hilfsprediger Gottfried Kinkel 1841 seinem Liebeskummer Beine machte und der Ahr bis Blankenheim entgegenstieg, da fand er hier „nur Fußsteige durchs Flusstal oder bodenlose Felswege über die hohen Bergrücken". Vor allem aber fand er noch die Spuren der Verwüstung im Jahrhunderthochwasser von 1804. Noch früher war der Marsch von Schuld nach Insul eine Plackerei, wenn nicht sogar, bei schlechter Witterung, ein Wagnis. Mehrmals musste man durchs Wasser oder knöcheltief durch den Morast. Das hielt die Reiselust in Grenzen, beförderte jedoch die Frömmigkeit, wie uns die Schornkapelle oberhalb von Schuld am Felsenhang beweist. Doch davon später mehr.

Die Oberahr ist heute unser Ziel. Wir beginnen in Schuld und folgen unterhalb der sehenswerten Kirche dem Ahrtalweg („A") in die „Domhofstraße" gegenüber. Bald geht es mit dem Fußweg rechts hinab und unten auf der schönen Brücke zwischen Fachwerkhäusern über den Fluss. Dann folgen wir der „Römerstraße" halblinks und zum Ort hinaus. Am Ortsrand finden wir ein Holzschild („Insul") und wandern geradeaus mit dem Weg „A". Nach wenig mehr als 100 Metern haben wir die eingekerbte Spur der alten Eisenbahn erreicht. In dieser Rinne kam einmal der Fortschritt in die Eifel, wenn auch mit gehöriger Verspätung: Seit 1888 fuhr die Bahn die Ahr hinauf bis Dümpelfeld, ließ aber dann den Fluss rechts liegen und dampfte weiter bis zum Kreissitz Adenau. Warum nicht weiter längs der Ahr? Es dauerte noch lange – bis zum „Nebeneisenbahnetat des Jahres 1907", dann wurde wenigstens die Strecke Dümpelfeld – Ahrdorf ins Auge gefaßt, 1909 das letzte Stück bis Blankenheim.

Die Bauzeit dauerte noch Jahre und war von ungezählten Unglücksfällen und Verbrechen überschattet, auch einem weiteren

Jahrhunderthochwasser im Jahre 1910, das Dutzende von Arbeitern aus aller Welt das Leben kostete, doch am 20. Juni 1912 fuhr der erste Sonderzug die Ahr entlang durch Insul über Schuld und Müsch bis Ahrdorf. In Hillesheim gab es ein Essen für die Gäste sowie ein Vivat für den Kaiser, „den Förderer des Verkehrs und des technischen Fortschritts". Schließlich gab es auf der ganzen Strecke keinen Überweg in Schienenhöhe, darauf war man ganz besonders stolz.

Auf einem dieser alten Überwege überqueren wir die alte Spur und wandern links und längs der Bahn an Vogelhecken weiter auf dem asphaltierten Ahrtalweg. Nach ungefähr 400 Metern berührt der Weg den Lauf der Ahr, die vor dem Fels nach rechts fließt. Hier wechseln wir nach links und wandern mehr als einen Kilometer auf der alten Schienenspur. Die kühnsten Träume waren einst mit dieser Eisenbahn verbunden, darunter die Verbindung über Müsch und Prüm bis nach Paris, doch schon der erste Weltkrieg schob da einen Riegel vor, und was der zweite nicht vermochte, besorgte das Automobil: In umgekehrter Reihenfolge legte man die Ahrtalstrecken wieder still: 1961 erst das Stück nach Blankenheim, in den Siebzigern das Teilstück Ahrdorf – Dümpelfeld, zuletzt das Stück bis Adenau.

Die Ahr schäumt uns zu Füßen durch ihr Felsenbett: Hier mag es also denn gewesen sein, wo einmal ein Mann aus Schuld in die tückischsten Strudel geriet und der Muttergottes auf dem Felsen gegenüber ein Kapellchen in die Hand versprach, vorausgesetzt, sie mache seiner Wassernot ein Ende. Wenn das auch bloß Legende ist: Es gibt zumindest jenes Kirchlein gegenüber in der Wand, es gibt die Mühle, die sein Ziel war, und es gibt den Namen des Erhörten: Schorn, wie die Kapelle.

In der folgenden Biegung des Flusses musste die Bahn durch den Fels, und so wandern nun auch wir durch den gekrümmten Tunnel, der innen ganz aus Grauwacke gemauert ist. Dahinter geht es noch 300 Meter weiter auf der Spur der Bahn. Dann verlassen wir den Ahrtalweg und kommen rechts nach Insul. Hier folgen wir der kleinen „Überdorfstraße" geradeaus, im sachten Schwung nach links, bis wir auf die „Brückenstraße" stoßen. Hier geht es zwischen Linden auf die schöne Felssteinbrücke zu, die den Hochwassern zum Trotz noch höher ist, hinweg über den Fluss und mit der „Brückenstraße" in das eigentliche Dorf mit seinem Kern aus Fachwerk. Das schönste Haus zur Rechten ist zugleich das älteste, das wir entdecken, und es verrät uns auch, warum es hier noch immer wohlbehalten steht: „DIS HAVS STEIT IN

GOTES HANT, GOT BEHVET ES FVR VNGELVCK VNT BRANT, ANNO 1616".

So erreichen wir die 1884 neu gebaute Rochus-Kapelle und gehen links, zum Ort hinaus. Wer hier die irritierende Erscheinung von Lamas auf der Linken hat, der sei getröstet: Wir hatten sie auch. Am Ortsrand halten wir uns links und folgen dann dem Mühlengraben bis zu jener alten Mühle, zu der auch Bauer Schorn mit seinem Korn gezogen war. Sie war einmal die größte Mühle der Umgebung bei einer Jahrespacht von 12 Malter Korn nebst einem „Mühlenschwein" im Jahre 1556. Heute ist die Mühle von Insul ihr eigenes Denkmal und mit ihrem großen unterschlächtigen Mühlrad so etwas wie das Wahrzeichen am Eingang in das Tal der Oberahr. Und weil sie eigentlich zu Dümpelfeld gehört, nennen wir sie lieber „Hahnensteiner Mühle" nach jenem „Hahnensteiner Pitter", der 1788 hier der Pächter war.

Zurück an der Kapelle, folgen wir der „Hauptstraße" durchs Dorf, vorbei an reichlich Fachwerk und am Gasthof „Keuler". Im nächsten Knick der Straße gehen wir nach links und kommen mit der kleinen „Bergstraße", vorbei an stilvoll restauriertem Fachwerk, zum Ort hinaus, hinweg über den asphaltierten Querweg und dann im leichten Schwenk nach links bis an den Fuß der Bergflanke heran. Hier finden wir am Waldrand bei einer Muttergottes einen breiten Weg, der uns nach rechts für lange Zeit am Unterrand der Böschung um das weite Wiesental geleitet.

Zur Rechten liegt dabei die ebenmäßige Erhebung, die wie ein Umlaufberg der Ahr erscheint und mit dem kleinen Wald auf flacher Kuppe auch ohne Hochwasser so inselartig wirkt, dass wir

Brücke vor Insul

den Namen „Insula" für Insul oder „Oensel" gleich begreifen. Dort stand womöglich einmal eine Burg, zumindest aber gibt es dort die Sage von einem wunderhübschen Fürstenkind, dem hier sein Lieblingsspielzeug in den Brunnen fiel. Doch weil kein Froschkönig zur Stelle war, liegt die Puppenwiege ganz aus Gold noch immer da.

Einmal steigt der Weg am Wiesenrand bei einer Siefenkerbe deutlich an, bringt uns im Schwenk über den Wasserlauf und führt uns dann am Unterrand von hohem Buchenwald der Ahr entgegen. Als wir den Wald dann auch zur Linken hinter uns gelassen haben, stoßen wir auf einen Feldweg, gehen links und halten uns am Waldrand mit dem nächsten Querweg wieder rechts.

Ehe wir die Landstraße erreichen, stehen wir auf einem Wegedreieck, neben dem der blanke Fels zutage tritt. Hier wenden wir uns links und folgen einer Raute durch den schiefrigen Fels (zuweilen auch „2" und „4"). Uns zu Füßen fließt die Ahr, noch näher der Verkehr auf der Chaussee, die bei ihrem Bau im Jahre 1870 durch den Fels gebrochen wurde. Es geht vorbei an einem reichlich schlichten Bildstock, dann stoßen wir auf einen Wasserlauf und gehen, ohne ihn zu überqueren, links. So kommen wir nach einem knappen Viertelkilometer an einen Parkplatz im Wald. Wir orientieren uns am Hinweisstein und folgen dann dem breiten Weg, der gegenüber in der Böschung rechts hinaufsteigt und sich um den Felsen dreht.

So erreichen wir zuletzt die hübsche Schornkapelle und die Freilichtbühne der katholischen Spielschar von Schuld.

Von der Kapelle gehen wir zur Straße; rechts ginge es bequem hinab, wir aber steigen links und durch die enge Kehre weiter aufwärts, vorbei am kleinen Grauwackebruch und 100 Meter weiter rechts hinauf zum „Ahrtalblick". Oben finden wir im Knick des asphaltierten Wegs die rote Sechseckhütte mit dem Blick auf Schuld. Von hier aus folgen wir dem Grasweg, der am Oberrand der Böschung weiterführt, am Umsetzer vorüber. Keine 100 Meter weiter stoßen wir dann auf den schwarzen Keil des Wanderwegs 2a („Karl-Kaufmann-Weg") und steigen rechts im lichten Laubwald ab. Wieder treffen wir auf eine Panoramahütte und bald darauf ein drittes Mal auf einen kleinen Aussichtspavillon, ehe uns der asphaltierte Weg am Fuß der Felsen rechts zurückbringt. Als Adolf Dronke, der „Vater des Eifelvereins", 1892 dieses „malerische, herrliche Bild" des Schulder Panoramablicks in rechte Worte fassen wollte, fiel ihm nur die Schweiz ein als Vergleich. Und daran hat sich auch in mehr als hundert Jahren nichts geändert.

Kurzbeschreibung Tippeltour 16

Weglänge: knapp 10 km

Anfahrt: Über AB-Kreuz Meckenheim und B 257 über Altenahr bis Dümpelfeld, dort rechts bis Schuld. Privatparkplatz (der Kirche) an der Straße nach Reifferscheid oberhalb der Kirche (samstags 17-19 und sonntags 9-11 Uhr nur für Gottesdienstbesucher). Weitere Parkgelegenheiten am jenseitigen Ortsrand von Schuld. Mit der Ahrtalbahn von Remagen bis Ahrbrück und weiter mit dem Bus in Richtung Adenau bis Dümpelfeld, von dort auf der Straße zur Insuler Mühle und dort beginnen.

Wanderkarte: 1 : 25.000 Hocheifel, Nürburgring, Oberes Ahrtal (= Wanderkarte Nr. 11 des Eifelvereins), auch 1 : 25.000 Das Ahrtal (= Wanderkarte Nr. 9 des Eifelvereins)

Wanderweg: Von der Kirche mit „A" in die „Domhofstraße" gegenüber, mit Fußweg rechts hinab, über die Ahr und mit der „Römerstraße 2" zum Ort hinaus und mit „A" an die alte Bahntrasse heran. Hinüber und neben ihr weiter, nach 400 m im Rechtsschwenk der Ahr auf die Trasse und ihr mehr als 1 km folgen. In der Biegung durch den Tunnel. Dahinter rechts nach Insul, „Überdorfstraße", dann „Brückenstraße" rechts und über die Ahr und an die Landstraße heran. Links Abstecher zur Insuler Mühle. Danach mit „Hauptstraße" zurück, in Knick der Straße links „Bergstraße", über Asphaltweg hinweg und weiter bis auf breiten Weg am Fuß der Bergflanke. Hier nun rechts um alten Umlaufberg herum bis an Wegedreieck vor der Landstraße. Links und oberhalb der Straße weiter, vor Wasserlauf links bis Parkplatz und mit breitem Weg zur Schornkapelle. Auf der Straße aufwärts, 100 m hinter Grauwackebruch rechts hinauf zum „Ahrtalblick". Auf Grasweg am Oberrand der Böschung weiter, am Umsetzer vorüber, bis auf Weg 2a (Keil) und rechts hinab und zurück.

Einkehrmöglichkeiten: mehrere in beiden Orten, in Schuld etwa Schäfer, Tel. 02695-340 (Donnerstag Ruhetag) und „Zur Linde", Tel. 0 26 95-2 01 (Dienstag Ruhetag); in Insul Keuler, Tel. 0 26 95-2 24 (Mittwoch Ruhetag) und, mit Garten an der Ahr gelegen, vom Weg leicht zu erreichen, Ewerts, Tel. 0 26 95-3 80 (Dienstag Ruhetag).

Auskunft: Freilichtbühne 0 26 95-3 18, Verbandsgemeinde Adenau 0 26 91-3 05 16.

Eine Abkürzung des ohnehin kurzen Wegs ist leicht an der Schornkapelle möglich (vgl. Karte).

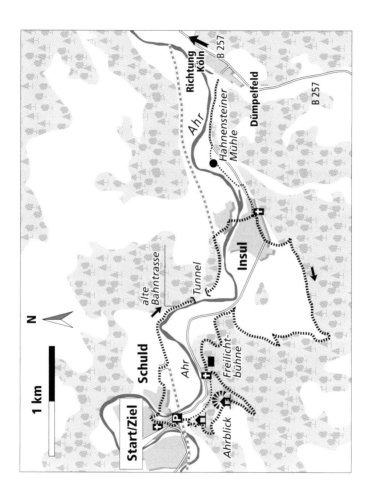

Tippeltour 17:
Von Engeln und Weibern

Zwischen Engeln und Weibern führt die Bundesstraße durch die malerische Landschaft des oberen Brohltals. Eigentlich ein schöner Fleck für einen Reifenwechsel. Doch in der Nacht sind alle Pannen grau und kosten doppelt Zeit, und deshalb dachte einst ein Autofahrer seine Frau daheim mit einem Anruf zu beruhigen: „Hallo, Schatz", verriet er dann, „ich liege hier zwischen Engeln und Weibern." Eine Antwort ist nicht überliefert, auch beider Wohnort nicht. Vermutlich war es Kalau.

Auch wir bewegen uns in jener Mittellage: Von Engeln auf der Höhe abwärts bis nach Weibern und zurück, mitten durch das Riedener Vulkangebiet. Rings um den Bahnhof Engeln mit dem gutgemeinten „Geo-Garten" liegen die Vulkane da beim Zählappell wie Finger einer Hand: Engelner Kopf, Schorberg, Schellköpfchen, Schellkopf und Lehrenkopf. Und deshalb heißt der Zug, der einzig hier noch hält, mit gutem Recht „Vulkan-Expreß".

Vom Bahnhof folgen wir der Straße in Richtung Kempenich und nehmen gleich den ersten asphaltierten Weg nach links. Hier finden wir den Hinweis auf die Route „Geo-O" (für „Oberes Brohltal"). Bald folgen wir ein Stück der Straße sacht hinab. In ihrem Linksknick bringt uns ein Asphaltweg halbrechts durch die Felder, wir unterqueren bald darauf die Bundesstraße und stoßen unten auf die Talstraße nach Weibern.

Vor hundert Jahren noch lag hier das Mekka der Tuffsteinindustrie. Auch Roms sieben Hügel bestehen aus Tuff, und so haben denn bereits die Römer hier den Stein gebrochen. Da er leicht zu bearbeiten ist und schlecht die Wärme leitet, ist Tuff ein guter Baustein und der ideale Werkstoff für Kirchenfenster und Skulpturen. Maria Laach wurde aus Weiberner Tuffstein gebaut, am Bonner Münster wie am Kölner Dom ist er zu finden, selbst in Dänemark gibt es Kirchen aus Weiberner Tuff. Mehr als tausend Steinbrecher und Steinbildhauer fanden hier einst Lohn und Brot. Jetzt gibt es noch ein einziges Natursteinwerk im Ort.

Wir gehen rechts, an einem Tuffsteinklotz vorüber auf dem fein gestreuten Fußweg. Nach etwa 150 Metern, ehe wir den „Windkaulweg" erreichen, überqueren wir die Straße und steigen mit dem „Geo-O"- Pfad schräg rechts die bewaldete Böschung hinauf. Sie besteht im Kern aus nichts als Abraum der Weiberner Gruben. Auf der Höhe folgen wir derselben Richtung wie bisher, aber steigen vorher noch auf einem Pfad und über Tuffsteinstufen ein paar Meter aufwärts bis in das heutige Steinbruchgebiet. Um die 150 Meter stark ist hier der Tuff an seiner mächtigsten Stelle, das haben Brunnenbohrungen ergeben.

Vom Abstecher zurück, geht es weiter auf dem Grasweg auf der Böschungsoberkante, unterwegs vorbei am einem Pfad, der rechts hinunter an den Wanderparkplatz „Tuffstein" führt mit Kran und Wandertafel an der Straße – Gelegenheit zu einer Abkürzung für den, der will. Wir aber wandern oben weiter und haben gleich im Linksknick einen ersten schönen Blick auf Weibern unter uns. Wenig später schwenkt der Weg nach rechts hinab und stößt am Fuß der Halde gleich auf einen zweiten, dem wir in der alten Richtung weiter folgen. So erreichen wir den Aufschluß „2" des Geo-Pfads: Wir folgen links dem Pfad bis an die helle, hohe Wand der „Weichley", wo noch um die Mitte des Jahrhunderts Tuff gebrochen wurde.

Ein Stück weit geht es dann noch einmal weiter: Wo der Weg sich wenig später gabelt, halten wir uns rechts und steigen mit dem Geo-Pfad an einem Handlauf rasch hinab bis in ein breites Wiesental. Dort überqueren wir vor einem Waldstück einen asphaltierten Weg bei einer Bank und steigen neben einer Wiese wieder sacht bergauf. Am Oberrand der Lichtung stößt ein zweiter Weg hinzu. Wir gehen links und sacht bergauf; und ehe uns der Weg auf einem flachen Sattel in die freie Feldflur führt, wenden wir uns rechts und steigen auf dem Grasstück zwischen einem Feld und Fichten weiter, zuletzt durch einen schmalen Streifen Wald und auf den Fahrweg vor der Höhe.

Hier wandern wir nach rechts, vorüber an der Bimsgrube „Hatzenfeld", dem 3. Aufschluß dieses Wegs. Etwa 200 Meter weiter, ehe der Fahrweg nach links schwenkt, folgen wir dem Pfad am Waldrand rechts, wenden uns am Wald mit Hochsitz gleich nach links und wandern nun im Gras hinweg über die flache Kuppe des Riedener Bergs. Hier liegt die Eifel vor uns wie ein buntes bäuerliches Bild aus Ackerbau und Weidewirtschaft, dazwischen, auf den Kuppen, in den Kerben, grüner Wald, alles in der Hut des Senders auf dem Schöneberg. Vor uns in der Tiefe liegt nun Weibern mit dem spitzen Turm der Kirche.

Bei einem Hochsitz zur Linken schwenkt der Wiesenweg ein wenig links und führt entlang an einem Stück mit jungen Birken weiter geradeaus, dem Tal entgegen. Vor einer Fichtenpflanzung knickt er dann nach links, und wir erreichen neben einer Feldscheune den asphaltierten Weg. Er bringt uns rechts, durch eine weite Kehre abwärts und im Schwenk hinunter in den Ort. Der Tuff hat Weibern wachsen lassen, in allen Formen und Schattierungen bestimmt er heute noch das Bild, und insbesondere die neugotische Kirche von 1880/90 zeigt, wie man den Stein in Form bekam: Mit dem „Knüpfelhammer" und dem eisenzahnbewehrten „Wolf" erzielte man das rauhe Mittelfeld, die feinen Rahmen glättete der flache Meißel der „Scharriereisen". muss man sagen, wessen Patronat die Kirche dient? Es ist die Heilige der Bergleute, der Steinmetze und Artilleristen, die heilige Barbara.

Wir kommen auf der „Kirchstraße" herunter, folgen rechts der „Allenstraße" und wenden uns bei einer Tuffstein-Muttergottes an der „Bahnhofstraße" rechts. Die „Eifelstube" gegenüber bietet Tuff sogar im Inneren, dazu Gelegenheit zur Rast. Dann folgen wir der „Bahnhofstraße" weiter durch den Ort und gehen in der leichten Kurve links die „Bergstraße" hinauf bis an den schmalen Fahrweg, der aus guten Gründen „Tuffsteinstraße" heißt. Hier lag einmal das schmale Gleis der Brohltaleisenbahn von Brohl nach Kempenich, die seit 1901 vor allem Stein beförderte, Tuff, Trass, Basalt und Phonolith, nur selten Wochenendbesucher.

Hier gehen wir nach links und nehmen gleich nach etwa 80 Metern jenen Weg nach rechts, der zwischen Zäunen und den letzten Häusern in der Wiese aufwärts steigt. 200 Meter weiter folgen wir dem ersten Querweg links und finden hier, im Schatten einer großen Esche, einen Ruheplatz mit malerischem Blick auf Weibern. An einem alten Steinbruchloch vorüber kommen wir auf einen Pfad im schlanken Buchenwald und wandern weiter, ohne hier an Höhe zu verlieren, bei der Gabelung nach rechts. Rund 50 Meter weiter geht es, wieder mit dem Geo-Pfad, im spitzen Winkel rechts, vor dem Waldrand wieder links, den Berg hinauf bis auf die schlackenreiche Kuppe des Humersbergs, die ehedem ein Krater war (Aufschluß „8").

Am Schlot vorüber, kommen wir zum Wald hinaus und wenden uns gleich auf dem ersten Querweg links („Geo-O"). Es geht vorbei an Haselnussgebüsch und einer großen Eiche, dann knickt der Wiesenweg vor Büschen rechts, steigt an und führt im Schwenk nach links. Hinter einem steingebauten Schuppen überqueren wir den Fahrweg oberhalb der letzten Häuser, wandern weiter auf dem Wiesenweg, der schön zwischen Büschen und Bäumen verläuft, und folgen etwa 100 Meter weiter einem Weg nach rechts, zunächst noch sacht hinab, dann hügelan und bis zu einem Querweg nah dem Wald.

Nun geht es links, ein Stück weit durch den Wald, dann nah dem Waldrand rechts und spitzwinklig hinauf bis an den sehenswerten Aufschluß „9" („Burgschafstall"). Wir lesen von Basaltlapilli und phonolythischen Tuffen und finden beides in der weichen Wand im Wald.

Beim Weiterwandern hören wir bald fröhliches Geschrei, und an der Landstraße nach Kempenich entdecken wir im Tal das schöne Freibad. Mit der Straße gehen wir nach rechts bis an die moderne Bernardus-Kapelle. Die Tuffsteintafel seitlich redet hier Fraktur: Dies sei der Ort, erfahren wir, da anno 1147 Bernhard von Clairvaux, der Heilige und Begründer der Zisterzienser, zum zweiten Kreuzzug aufgerufen habe. Der Wind mag seine Stimme dann bis Kempenich getragen haben, 700 Meter weit entfernt, auch halblinks auf die Burg, die einmal auf der flachen Kuppe lag. Neben der herrlichen Linde zweigt rechts und spitzwinklig der Rückweg ab, der Brohltalweg („B"). Er führt an einem alten Kreuz vorbei und einen halben Kilometer weit an Feld und Eichenholz vorüber bis vor die neue Bundesstraße. Nahe ihrer Böschung schwenkt er links, nimmt rechts die Unterführung und bringt uns wieder aufwärts durch das Weideland. Vor den Rottlandhöfen gabelt sich der Weg. Wir gehen links und zwischen beiden Höfen durch bis an den Engelner Kopf.

Kurz nach dem Eintritt in den Wald verfolgen wir den ersten Weg nach rechts und steigen an. Bei einer grünen Bank am Querweg gute 100 Meter später halten wir uns rechts, umrunden ein Stück weit die Kuppe im hochstämmigen Buchenwald und folgen nah dem Waldrand bei der Gabelung dem Weg nach rechts, hinab mit Blick auf die Kuppe des Schorbergs. Der Fahrweg, den wir neben einem alten Kreuz erreichen, bringt uns links hinauf nach Engeln, am „Kiesacker" vorüber und geradeaus „Im Winkel" bis mitten in den Ort und an die „Eifelstube". Von hier aus folgen wir dem Sträßchen „Im Grund" und gleich darauf dem Wiesenweg zurück zum Bahnhof. Zur Linken zeigt die Flanke des Schellkopfs, dass dort noch immer Phonolyth gebrochen wird, ein Rohstoff der Glasindustrie. Noch wird er meist mit Lastkraftwagen transportiert. Doch die Eisenbahngesellschaft hat in Spanien jüngst ein paar Güterwagen einer Schmalspurbahn gekauft, und so geht es wohl mit dem Vulkan-Express bald aufwärts. Also abwärts. Bis nach Brohl.

Kurzbeschreibung Tippeltour 17

Weglänge: knapp 12 km

Anfahrt: Über A 61 bis AS Wehr, dort in Richtung Adenau, nach 6 km zweite (!) Abfahrt nach Weibern, unten rechts nach Engeln, in Engeln rechts zum Bahnhof. Dort Parkgelegenheit. Oder (während der Saison!) mit der Eisenbahn bis Brohl und von dort nach Engeln mit dem Vulkanexpress.

Wanderkarte: 1 : 25.000 Das Brohltal (= Wanderkarte Nr. 10 des Eifelvereins)

Wanderweg: Vom Bahnhof aus die Straße gleich nach links verlassen („Geo-O"), B 412 unterqueren und rechts in Richtung Weibern. Nach 150 m gegenüber Aufstieg in die alten Tuffstein-gruben (Abstecher zum Grubenrand!), weiter auf der Höhe bis Aufschluss „2". Bei der nächsten Gabelung rechts ins Wiesental, Asphaltweg kreuzen und bergauf bis Fahrweg auf der Höhe. Rechts, an Aufschluss „3" vorüber, 200 m dahinter rechts, am Wald links und über die Kuppe wandern. Vor Fichten links und auf Asphaltweg, rechts hinab nach Weibern: „Kirchstraße", rechts „Allenstraße" und Bahnhofstraße" rechts. Links „Bergstraße" bis an die „Tuffsteinstraße". Links, nach 80 m rechts hinauf und nach 200 m links bis Ruheplatz. Bei Gabelung dahinter rechts, an Aufschluss „8" vorüber. Weiter, zum Wald hinaus und 1. Querweg links, durch Rechtsknick hinauf, im Linksschwenk über Querweg hinweg und nach 100 m rechts hinauf bis Aufschluss „9".Links mit Geo-Pfad weiter bis Kapelle und spitzwinklig rechts zurück mit „B". Bundesstraße wieder unterqueren, bei Gabelung links und durch die Rottlandhöfe bis an den Engelner Kopf. Rechts um den Berg herum nach Engeln, mit Sträßchen im Grund zurück zum Bahnhof.

Einkehrmöglichkeiten: „Eifelstube" Weibern 0 26 55-9 59 30, „Vulkanstube" (Bahnhof Engeln), geöffnet von März bis November, Montag Ruhetag, Tel. 0 26 36-68 84.

Auskunft: Vulkanpark Brohltal Tel. 0 26 36-1 94 33, Vulkan-Express Tel. 0 26 36-8 03 03.

Auskunft Vulkan-Express 0 26 36-8 03 03, Fahrplanansage 8 05 00. Auskunft Brohltal 0 26 36-97 40-4 10.

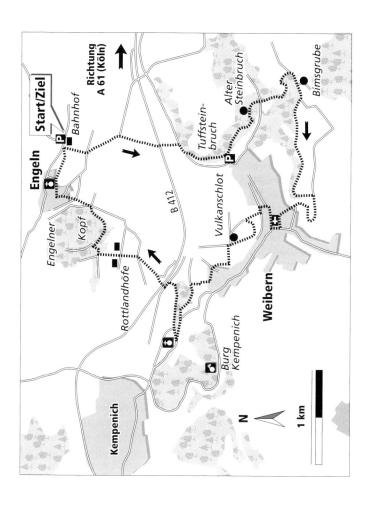

Tippeltour 18:

Auf dem Brotpfad in die Berge

Als 1799 der Reisende Johann Nikolaus Becker auf seinen Wanderungen in die Eifel kam, da fand er auf den fernen Höhen Dörfer vor und in den Dörfern Menschen, die auch nach Jahren der Besatzung noch immer nichts von ihrer neuen Freiheit wußten. Am Rand des Rheinlands lag die Eifel da wie eine unwegsame Insel: „Schlechter gibt es nichts", so klagte Becker, „als die Wege in diesem Lande." Das Straßenetz wie die politische Verfassung stammten beide aus dem Mittelalter, da kam der Schlachtruf aus dem revolutionären Frankreich: „Friede den Hütten, Krieg den Palästen, Befreiung aller Unterdrückten" oft nur mühevoll voran, so gut er auch gemeint war.

Im Juni 1794 hatten die Truppen der Revolution die Österreicher bei Fleurus geschlagen, im Juli waren sie in Trier, und ehe sie die kleine Residenz zu Blankenheim erobern konnten, hatten sich Reichsgräfin Augusta von Sternberg und Graf Christian jenseits des Rheins in Sicherheit gebracht, zunächst im Siegerland, bald darauf bei der Familie in Böhmen. So kamen Freiheit, Gleichheit und Brüderlichkeit ohne Widerstand nach Waldorf, Ripsdorf und nach Hüngersdorf. Sie kamen auf demselben Weg, auf dem wir heute unterwegs sind, auf dem alten „Brotpfad" aus dem Umland in die Residenz. Von dort aus machte sich nun allerlei an Neuigkeiten auf den Weg, das Meiste wohl auf Eifelplatt, nur wenig auf Französisch: République, Département, Préfectur, Mairie, Empire und Waterloo.

Am Fuß der alten Burg beginnen wir den Weg: Wir folgen vom Verkehrsbüro der „Kölner Straße" bis zum „Ahrcafé" und wandern, wo die B 258 den Knick nach Koblenz nimmt, mit dem „Nonnenbacher Weg" und dem schwarzen Keil des Eifelvereins links hinauf. Ehe das Sträßchen am alten Amtsgerichtsgebäude nach rechts schwenkt, schauen wir ein letztes Mal zurück auf das barocke Schloß: Die Franzosen hatten es für 8500 Franken auf Abbruch verkauft, und jahrzehntelang verkam es als Ruine. Erst der Tourismus brachte neues Leben an die Oberahr: 1926 kam es als Geschenk des Staates an die Deutsche Turnerschaft, und als Jugendherberge dominiert es heute noch den Blick.

Der „Nonnenbacher Weg" steigt nach der Biegung weiter an, zum Tal hin ist er nun von eindrucksvollen Nußbäumen gesäumt. Hinter Haus 25 gabelt sich der Weg vor einer Ruhebank des Heimatvereins: Hier finden wir den ersten Hinweis auf den „Brotpfad" und folgen ihm nach links ins Freie. Es war beileibe nicht nur Brot, was die Bauern aus den Nachbardörfern über diesen Pfad in ihre Residenzstadt brachten, auch Lebensmittel überhaupt, dazu die Steuern und ihr bisschen Haushaltsgeld. Der Weg steigt sacht hinab und führt durch eine Mulde, dann geht es aufwärts weiter durch die freie Flur am malerischen Oberlauf der Ahr.

Auf der flachen Höhe des Schillertsbergs kreuzen wir den Fahrweg und wandern gegenüber, neben einer Ruhebank, weiter mit dem Brotpfad, nun im Wald bergab. Es geht vorbei an einer Schneise und weiter, zwischen Eichen links und Fichten rechts, ins Tal des Nonnenbachs, die letzten Meter dabei auf hölzernen Tritten. Wir überqueren noch den schmalen Lauf des Wallbachs, dann wenden wir uns auf dem breiten Weg nach rechts bis an die Gabelung (8, 9) nach weniger als 100 Metern. Hier geht es links, auf runden Stämmen über den Bachlauf hinweg und in der Böschung rechts auf einem Pfad mit Handlauf abermals hinauf. Wir kreuzen in der Böschung einen asphaltierten Fahrweg und steigen weiter an, zunächst durch Fichtenhochwald, dann durch eine junge Pflanzung mit Eschen und Birken.

Hütte am Brotpfad

Nichts für Sammler

Auf der Höhe stoßen wir auf einen breiten Weg in einer Schneise. Hier weist der Keil des Wanderwegs nach rechts, wir überqueren einen zweiten breiten Weg und folgen geradeaus dem Hinweis „Hütte am Brotpfad 240 Meter". Der Wanderweg steigt an und bringt uns auf der Höhe, in einer Runde hoher Buchen und einzelner Eichen, an die Hütte von 1973 heran. Innen gibt es einen Tisch mit einer Decke, dazu ein Gästebuch mit Stift: „Wir sind erst eine Stunde unterwegs, aber in Schweiß gebadet", lesen wir von „Conny" und könnten leicht den Seufzer unterschreiben. Draußen steht ein schlichtes Kreuz aus Birkenholz, und es erinnert, wie wir ebenfalls gelesen haben, an den Tod eines Kindes im Winter 1904. Vermutlich war die Kleine älter als das abgelaufene Jahrhundert, und niemand lebt mehr, der einmal um sie getrauert hat. Doch die quer gefügten Birkenstämmchen lassen jeden dieses Unglück nacherleben, heute noch.

525 Meter sind wir bei der Hütte hoch. Von nun an geht es lange Zeit hinab: Durch Buchenholz, danach durch eine frische Pflanzung, über der wir auf der fernen Höhe gegenüber Ripsdorf sehen. 750 Meter nach der Hütte steigen wir an einem Handlauf steiler abwärts und erreichen einen Wasserlauf mit jungen Erlen und Kanonenputzern. Ihm folgen wir am Fuß der Böschung nun mehr als einen halben Kilometer bis zu einer Teichanlage mit einer Sitzgruppe dahinter. Hier folgen wir dem breiten Querweg rechts, überqueren auf dem Damm das Wasser und folgen gleich

dem Keil des Wanderwegs nach links, noch immer durch den Wald.

Am Ende stehen wir vor einem Querweg vor der freien Höhe. Hier gehen wir nach rechts, doch nehmen 60 Meter weiter schon den Weg im rechten Winkel links und wandern zwischen Weidezäunen durch das freie Weideland, vorbei an einem Hochsitz, durch einen Riegel Schlehen und mit dem Sandweg durch die Wiesen. Nach 700 Metern führt uns der Weg noch einmal in den Wald, schwenkt rechts und und weiter abwärts und bringt uns dann in einer Kehre über einen Wasserlauf nach links hinab und an das schöne Tal des Schaafbachs.

Hier folgen wir dem breiten Weg nach rechts entlang der Aue. Bei der steinernen Brücke nach 200 Metern zweigt ein Asphaltweg ab, dem rasch ein Wanderweg hinauf nach Ripsdorf folgt, wo in der „Tränkgasse" das alte „Brothaus" aus dem 17. Jahrhundert steht und wo das Gasthaus „Breuer" Gelegenheit zur Einkehr bietet. Von dort führt der Wacholderweg („W") zurück.

Wer unten bleibt, der wandert weiter mit dem Keil dem Bach entgegen, der zwischen Erlen und einzelnen Weiden wie gemalt durch seine Uferwiesen fließt. Nach einem Kilometer, bei der nächsten Brücke vor der Ripsdorfer Mühle, kreuzt von gegenüber der Wacholderweg das Tal. Hier nehmen wir nun Abschied vom vertrauten Wanderweg 4 mit dem Keil und wandern rechts, im spitzen Winkel in der Böschung aufwärts mit dem Zeichen des

Wegweisend

Der Winter kann kommen

„Wacholderwegs" („W"). Bald schwenkt der Weg nach links und bringt uns lange sacht bergauf, bis wir im Schwenk nach links vor einer Wegespinne stehen. Hier folgen wir halbrechts dem oberen der beiden Wege, der deutlich unser neues Zeichen trägt. So kommen wir am Blockhaus am Stromberg vorüber, dessen vulkanische Kuppe zur Linken ganz vom Laub verborgen ist, und wandern zwischen einer Doppelreihe hoher Pappeln durch eine breite Lichtung weiter. An deren Ende gehen wir am Wegedreieck weiter mit den Wegen „11" und dem Wacholderweg, durch lichten Wald und dann mit freiem Blick zur Linken, wo das weite Eifelland uns raten läßt: Wer kennt die Dörfer, wer die Höhen fern am Horizont?

In einem kleinen Waldstück auf der linken Seite, etwa 100 Meter vor der Straße, finden wir das „Waldcafé Maus" mit Wanderern und Pilzesammlern bei Brennesseln und Sauerampfersuppe und dem gemalten Hinweis, „wie man die Sau abfangt": nämlich unerschrocken mit der Saufeder, tief bis ins Blut hinein. Nach der Pause geht es weiter mit der Straße rechts, vorüber an der Wandertafel und ins hübsche Nonnenbach hinab. Die ruhige Landstraße führt am Brigida-Kapellchen von 1851 vorüber und mit den Wanderwegen „W" und nunmehr auch „JH" nach links hinab. Hinter der festen Brücke über den Nonnenbach, wo wir den „Wacholderweg" noch vor dem Schlemmershof verlassen, nehmen wir nach rechts den Weg „JH" und kommen über einen Siefenlauf hinweg.

Am Waldrand gleich dahinter geht es links mit einer weißen Schranke in den Wald. Bei der Gabelung dahinter folgen wir halbrechts dem Weg „JH" im Fichtenwald hinauf. Wir kreuzen einen Querweg in der Böschung und steigen weiter an durch lichten Buchenwald. Noch einmal geht es über einen Weg hinweg, dann wird die Steigung flacher, unser Weg vereinigt sich mit einem zweiten, der von rechts dazustößt, und nach abermals 300 Metern erreichen wir den Fahrweg mit der Hütte und dem „Russenkreuz". Das schlichte Kreuz aus Stein steht zwischen zwei Kastanien, der flache Grabhügel darunter ist weit älter, als es jeder Russe wäre: Der Namen kommt vom „Ruschen", nämlich „Rauschen", denn früher stand das Kreuz an diesem Ort im Freien und im Wind.

Der Fahrweg bringt uns nun nach links, zum Wald hinaus, bis wir die Stromleitung erreichen. Hier, wo nach links ein zweiter Fahrweg abzweigt, halten wir uns scharf rechts und nehmen bei der Gabelung am Waldrand den schönen Weg nach links und durch die Wiesen (8). Es geht vorbei an Hagebutten und einem Häuschen mit beneidenswertem Blick. Dann sind wir wieder auf dem Fahrweg mit dem Wanderweg „JH" und wandern rechts zurück nach Blankenheim.

Kurzbeschreibung Tippeltour 18

Weglänge: ca. 15 km; mit dem Abstecher nach Ripsdorf 1 km
mehr.

Anfahrt:
Über A 1 bis AS Blankenheim, von dort B 51 und B 258 hinunter
in den Ort, Parkgelegenheiten vor dem Ortskern (Parkhaus gebührenpflichtig) oder 300 m weiter in Richtung Koblenz links. Mit
der Eisenbahn bis Blankenheim-Wald und werktags mit dem Bus
832 bis Blankenheim (Auskunft RVK 0 24 49-96 08-0). Sonntags
Anschluss nur zu Fuß über Wanderweg 12 (Winkel) (hin und
zurück weitere 7 km).

Wanderkarte: 1 : 25.000 Blankenheim, Oberes Ahrtal (= Wanderkarte Nr. 12 des Eifelvereins)

Wanderweg:
„Kölner Straße" bis „Ahrcafé", „Nonnenbacher Weg" mit Keil des
Wanderwegs 4, durch Biegung aufwärts und zum Ortsrand. Hinter Haus 25 links auf „Brotpfad" (Keil) und bis zur Hütte am Brotpfad folgen. Von nun an Abstieg bis ins Schaafbachtal vor Ripsdorf (hier nach 200 m Gelegenheit zum Abstecher nach Ripsdorf
auf der Höhe, von dort Anschluss mit „W" an Rundweg). Mit Weg
4 (Keil) weiter im Bachtal, bei der nächsten Brücke spitzwinklig
rechts zurück und von nun an „Wacholderweg" („W") folgen bis
Nonnenbach. Dort noch über den Nonnenbach hinweg und
dahinter rechts und gleich am Waldrand links mit Weg „JH" bis
„Russenkreuz". Links, zum Wald hinaus, bei der Gabelung scharf
nach rechts und dann links und durch die Wiesen und mit den
Wegen „J", dann wieder „JH" zurück.

Einkehrmöglichkeiten: in Blankenheim-Stadt zahlreich; Gasthaus
und Pension „Maus" 02449-1016 (Montag und Dienstag Ruhetag), Hotel „Breuer" in Ripsdorf 02449-1009 (Montag Ruhetag).

Auskunft: Auskunft Blankenheim 02449-8333;

Der Weg lässt sich erheblich verkürzen, wenn man von der Hütte
am Brotpfad dem Rundweg 7 bis an die Landstraße vor Nonnenbach folgt (vgl. Karte). Feste Wanderstiefel sind angeraten.

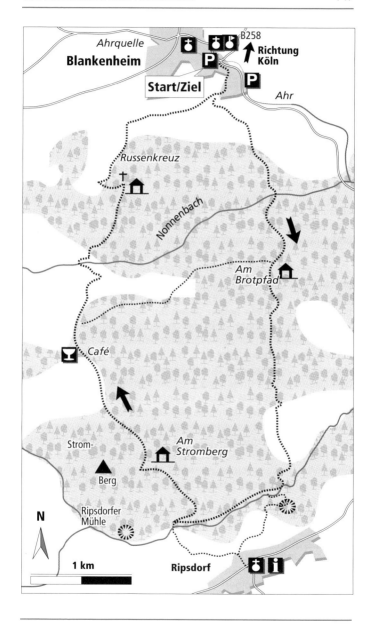

Tippeltour 19:
Spaziergang im Römerkanal

Der Ritter traute seinen Augen nicht: Da stand ein Rosenstock am Rand des Kottenforsts, in voller Blüte, und darunter lag die Muttergottes mit dem Kind, aus Holz zwar, aber doch von großer Wirkung. Nicht ausgeschlossen also, dass da eine Stimme sprach, und wäre es denn auch des Ritters eigene gewesen: „Du bist Wilhelm II. von Buschfeld, Schilling genannt und Herr zu Bornheim, du sollst auf diesem Acker eine Kirche bauen und ein Kloster." Das tat sich anno domini 1190. Der Ritter folgte dem Beschluß, und sieben Jahre später stand das Prämonstratenserinnenstift St. Marien am Ort des Mirakels bei „Dintzekoven", das auch „Duntzinkoven" oder ähnlich hieß und schon etliches an Jahren auf dem Buckel hatte.

Das alte Kloster, 1802 von den Franzosen aufgehoben, ist für heute eins der Ziele neben vielen auf dem Weg am Rand der Ville, und da wir ahnen, was der geologische Begriff der „Rheinbacher Lössplatte" für den Wanderer bedeutet, schnüren wir die schwersten Wanderstiefel, ehe wir uns auf den Acker machen. Schon die Dorfstraße in Dünstekoven erinnert an den Ritter mit dem legendären Fund. Vom Parkplatz an der „Schillingstraße" wandern wir ein Stück zurück, vorbei am Gasthaus „Habbig", und wandern rechts dann durch die „Waldstraße" bis an den Rand der Felder. Dort gehen wir dann rechts und wandern auf dem Kiesweg zwischen Dorf und Ackerrand. Nach einem knappen halben Kilometer erreichen wir unter zwei Linden ein altes Kreuz aus Stein. Von hier aus folgen wir dem Fahrweg „Gut Capellen" halblinks bis an die Anlage heran. Dies war einmal das Kloster St. Marien. Es wurde 1802, am 20. Prairial des Revolutionskalenders, sagen wir: am 8. Juni, aufgehoben, die Kirche überwiegend abgerissen, und statt der Nonnen zogen Landarbeiter ein.

Hier wenden wir uns rechts: Am Bildstock mit einem modernen Hermann-Joseph überqueren wir auf einer grün bemoosten Backsteinbrücke den Graben, passieren nun die alten Fisch- und Mühlenteiche und folgen 150 Meter weiter dann dem Ackerweg nach links aufs freie Feld. Nach einem knappen Kilometer kreuzen wir den asphaltierten Querweg, schwenken sacht nach rechts und wandern nun auf einem Fahrweg weiter geradeaus. Bei den ersten Häusern der Gutsanlage Hohn sehen wir zur Linken unter Eichen die Reste einer Motte. Wir kreuzen noch den Fahrweg, der zu der weitläufigen Hofanlage auf der Linken führt, und wandern weiter geradeaus, an Häusern vorbei und mit einem Schwenk nach links.

Mit Vorsicht überqueren wir die Bundesstraße und folgen gegenüber gleich dem Kiesweg schnurgerade in den Wald. Nach 400 Metern erreichen wir ein Wegekreuz und gehen links auf einem hellen, festen Weg, dem rechts ein Reitweg folgt. 250 Meter weiter stoßen wir bei einem Grenzstein auf ein Wegedreieck und wandern mit dem Pfad nach rechts. So kommen wir bei einem kleinen Kruzifix mit einem Spruch für Wanderer nach Morenhoven, auch eins der Dörfer der ältesten Zeit, wenn auch die Eigenheime jünger sind. Der „Hohner Weg" bringt uns nach rechts bis an die Kreuzung mit der „Eichenstraße", ihr folgen wir nach links, vorbei am kleinen Friedhof, und halten uns dann auf der „Vieh-", der „Vivatsgasse" rechts.

So geht es in den alten Teil des Dorfes mit dem alten „Siershof" aus dem 18. Jahrhundert, mit der „Herrengasse" einmal herum um den Spielplatz und wieder rechts. Wo die „Vivatsgasse" auf die „Hauptstraße" stößt, folgen wir vor der Gaststätte „Alt-Morenhoven" der „Swiststraße" nach links. Nach etwa hundert Metern erreichen wir die kleine Pfarrkirche St. Nikolaus, altrosa getüncht

Fern liegt Dünstekoven

Morenhoven

und mit grauen Konturen, von kleinen Häusern und der Fried-
hofsmauer eng umstellt. Am Chor der Kirche mit dem alten Kruzifix passieren wir die „Turmstraße" und folgen dann der kleinen
„Burgstraße" zum Ort hinaus und geradewegs der Burg entgegen.
Neben einem Kreuz von 1875 unter Linden erreichen wir die
Landstraße nach Peppenhoven, gehen gegenüber rechts, ent-
lang der Mauer, vorbei an einem alten Kruzifix und über den
Swistbach hinweg und nehmen links den Uferweg den Bach hin-
auf. Eine Burg wird hier seit 1344 als kölnisches Lehen erwähnt,
die gelben Treppengiebel aber hat das barocke Herrenhaus erst
im vergangenen Jahrhundert bekommen.
Wir passieren eine Bank und eine Brücke unter einer mächtige
Kastanie und wandern mehr als einen Kilometer weit dem
Wasserlauf entgegen und dem schlanken Turm von Flerzheim.
Bei der nächsten Brücke überqueren wir den Bach und kommen
auf das mächtige Geviert der alten Ackerfeste Müttinghoven zu.
Hier wandern wir nun mit dem schwarzen Keil des „Karl-Kauf-
mann-Wegs" (2) und folgen ihm in Richtung seiner stumpfen
Seite. Auch Müttinghoven ist seit alter Zeit belegt, das gelbe Her-
renhaus, das wir am Ende der Allee entdecken, stammt aus dem
18. Jahrhundert, die Stallgebäude drum herum sind jünger.
An der Zufahrt knickt der Wanderweg nach links und führt uns lange durch das tiefe Ackerland, bei einem Schuppen überqueren

wir den Mühlengraben, wandern weiter durch die Flur und kommen dann im Rechtsknick an die Straße. Wir folgen ihr nach links bis an die Nußbäume der Auffahrt von Burg Morenhoven und nehmen vor dem Ortsschild noch die Straße Richtung Bonn. Wo nach 400 Metern der „Buschhovener Weg" nach links abzweigt, verlassen wir die Landstraße und folgen rechts dem Wanderweg entlang der Eichen; nach 75 Metern schwenkt der Weg dann links und bringt uns wenig später durch den Wald. 800 Meter weiter knickt er links und führt bis an die Straße. Ihr folgen wir nach rechts und in den Ort hinein, wo sie, anfangs noch mit Keil, „Karl-Kaufmann-Weg" heißt, so wie unser Wanderweg.

An der Einmündung der „Alten Poststraße", nach einem halben Kilometer, liegt das alte Buschhovener „Dreieck", seit 1992 nun im Dienst der Städtepartnerschaft mit „Quesnoy-sur-Deule". Wir folgen hier der „Alten Poststraße" nach rechts, kreuzen gleich den „Rosenweg" mit einem Haus, auf dessen Dach vier Terrakotta-Römer wachen, und steigen weiter durch den Ort, an der „Schulstraße" vorbei und vorerst auch vorüber an der „Dietkirchenstraße" mit dem Keil des Wanderwegs. Römer gab es hier schon, als es Buschhoven noch gar nicht gab: zwei Römerstraßen führten hier nach Bonn, und die alte Kölner Wasserleitung aus der Eifel läuft bis heute mitten durch den Ort und durch so manchen Keller. Ein alter Herr erzählt uns, dass er noch als Kind im Kottenforst für mehr als hundert Meter unterirdisch im Kanal spazie-

Buschhoven

Müttinghoven

rengehen konnte. Das Gasthaus von Franz Fuhs, das rechts bald
an der Straße folgt, heißt nicht von ungefähr „Zum Römerkanal":
Im Garten gibt es einen Schacht hinunter in die Röhre.
An der Gaststätte vorüber, biegen wir rechts in die Straße „Am
Burgweiher" ein und sehen gleich die neue Katharinenkirche: Vor
der Felssteinwand mit dem Altar strahlt im Licht von ungezählten
Kerzen die „Rosa Mystica", das Gnadenbild der Muttergottes aus
dem Kottenforst. Nach der Aufhebung des Klosters kam sie 1806
hierher, erst in die alte Kirche, nach dem Neubau 1972 dann hierhin.
An der Westseite des Weihers kreuzen wir den Lauf der Wasserleitung im Straßenbelag: Das ans Tageslicht geholte Stück daneben, der Aufschluß „46 a", stammt allerdings aus Köln. Bei der
Trauerweide mit dem weißen Bildstock (und einer privaten „Rosa
Mystica" an der Hauswand gegenüber) folgen wir der „Dietkirchenstraße" nach rechts, vorüber an der kleinen Kirche vom
Beginn des 18. Jahrhunderts, die 1984 gegen Bares evangelisch
wurde, gehen auf der „Alten Poststraße" ein paar Schritte links
hinab und biegen rechts dann in die „Kuppgasse" ein. Hier wandern wir nun wieder mit dem Keil des alten Wanderwegs. Wo wir
die „Schmittgasse" erreichen, folgt unser Weg exakt dem Lauf der
alten Wasserleitung. Es geht vorüber an der „Wolfsgasse" und
auf der Backsteinbrücke über die B 56 hinweg.

Dahinter gehen wir halbrechts vorbei an dem weißen Kapellchen, das hier der Rosa Mystica zu Ehren und zum Ruhme des Schützenvereins steht. Wir lesen aufmerksam die Tafel mit dem Hinweis auf den römischen Kanal, der einst das ganze Tal des Swistbachs und den Villerücken überqueren musste. Ehe wir am Waldrand Abschied nehmen von der Wasserleitung, gehen wir noch ein paar Schritte in den Wald und finden gleich den Aufschluß 49: die Wasserleitung noch vor Ort, freigelegt und gut zu sehen. Was nicht so tief und so geschützt war, hat man abgebrochen und beispielsweise für Kloster Capellen noch einmal verwandt.

Zurück zum Wegekreuz am Waldrand, steigen wir vom Villerücken abwärts, auf die Äcker zu, und nehmen gleich den ersten festen Querweg rechts, an einer Feldscheune vorbei und einen guten Kilometer insgesamt auf dem Asphalt. An der Ecke des Waldes erreichen wir eine Eiche mit einem Kreuz für Wanderer und einer Bank davor: Hier gehen wir nun links. Nach 150 Metern überqueren wir den Buschbach und gehen gleich dahinter rechts, dem Bachlauf nach. Bei einem Hochsitz schwenkt der Weg nach links, wir folgen ihm und nehmen gleich darauf den Querweg rechts, auf den kleinen Wald von Gut Capellen zu und längs der alten Klostermauer um das Gut herum bis an die Zufahrt, die wir kennen. Von hier aus gehen wir zurück, wie wir gekommen sind, doch diesmal wählen wir den unbenannten Weg vorüber an der kleinen Backsteinkirche, die von Westen her so wirkt, als sei der Bau noch nicht komplett, als warte sie noch immer auf den großen Turm, den irgendwer St. Kunibert versprochen hat.

Kurzbeschreibung Tippeltour 19

Weglänge: ca. 18 km

Anfahrt: Vom Autobahnkreuz Bliesheim über A 61 bis AS Swisttal-Heimerzheim, von dort der Beschilderung „Heimerzheim-Bundesgrenzschutz" folgen, durch den Ort und weiter bis nach Dünstekoven. Dort Gemeindeparkplatz rechts der „Schillingstraße" zwischen den Gaststätten „Habbig" und „Alt-Dünstekoven". Mit dem Bus der RVK (Linie 845) von Bonn Hbf. ins Wandergebiet, z. B: nach Buschhoven, sonntags selten (Auskunft: VRS-Fahrplan Bereich 6, RVK Meckenheim 02225-92020),

Wanderkarte: 1 : 25.000 Meckenheim, Rheinbach, Swisttal (= Wanderkarte Nr. 6 des Eifelvereins)

Wanderweg: Über „Waldstraße" bis an die Felder, rechts am Dorfrand entlang und über Fahrweg „Gut Capellen" zum Gut. Am Bildstock rechts und nach 150 m Ackerweg links. Durch Hohn, über B 56 hinweg und in den Wald. Nach 400 m bei Wegekreuz links und nach 250 m rechts nach Morenhoven, über „Hohner Weg" und Eichenstraße" und „Vivatsgasse" an die „Hauptstraße" heran. Gegenüber mit der „Swiststraße" links, an Kirche vorüber und mit „Burgstraße" der Burg entgegen. Rechts, über Wasserlauf hinweg und dann links, dem Swistbach entgegen. Mit der nächsten Brücke nach 1,5 km links nach Müttinghoven, gegenüber der Zufahrt links mit Feldweg auf Morenhoven zu, und im Rechtsknick an die Straße. Links bis an die Auffahrt der Burg, dann rechts. Nach 400 m, gegenüber „Buschhovener Weg" rechts und nach 75 m links und durch den Wald. Nach 800 m Linksknick, weiter bis zur Straße. Mit ihr rechts nach Buschhoven. Besichtigungen wie beschrieben. Durch „Kuppgasse" mit Keil des Wanderwegs zum Ort hinaus und über B 56 hinweg. Am Waldrand links und erstem Querweg rechts folgen bis Waldecke mit Eiche, Kreuz und Bank. Nun links, nach 150 m über Bach und ihm folgen bis Capellen, rechts herum und zurück.

Einkehrmöglichkeiten: in Dünstekoven, Morenhoven und Buschhoven

Auskunft: Swisttal 0 22 55-30 91 09.

Der Weg lässt sich leicht verkürzen, wenn man in Morenhoven vor der Burg links statt rechts geht (vgl. Karte).

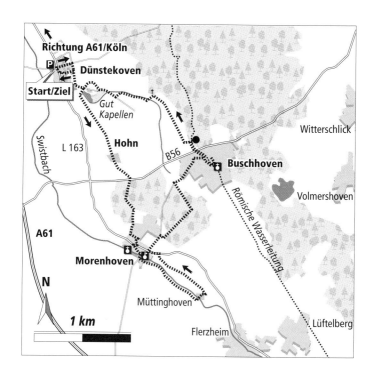

Tippeltour 20:

Hoch oben am Teufelsloch

Seit alters her lag Altenahr von allen Nachbarn unterhalb im Ahrtal abgeschnitten hinterm Berg. Schon wer nach Mayschoß wollte, musste durch das Wasser oder übern Berg zu Fuß. Dann kam der Durchbruch, und er kam mitten durch die Wand. Am 19. November 1833 hatten Arbeiter die Engelsley durchbrochen. Und weil es das in Preußen vorher nicht gegeben hatte, ließ es sich der Kronprinz Friedrich Wilhelm nicht nehmen, als erster durch den Spalt zu schreiten, der 1834 Preußens allererster Straßentunnel wurde. Mit der Straße kam seit 1838 dreimal in der Woche die Personenpost, und mit der Kutsche kamen die Besucher. Als 1884 endlich auch die Eisenbahn den Fels durchfuhr, war Altenahr schon längst ein Ausflugsort geworden.

Und dennoch kann das Tal noch so idyllisch und so ruhig sein wie vor dem Straßenbau: Wenn man sich nämlich fortbewegt wie einst der erste Biograph des Ahrtals, Gottfried Kinkel 1841: zu Fuß. Man hält sich vor dem Tunnel einfach rechts und hat nur wenig später seinen Frieden!

Vom Bahnhof nehmen wir die Straßenbrücke über die Ahr, aber folgen schon am Ende des Geländers dem „Ahrtalweg", der rechts und an das Ufer führt („A", auch Winkel). Die Promenade folgt der Ahr und bringt uns vor dem Parkplatz an die Winzergenossenschaft heran. Hoch oben liegt Burg Are, die um das Jahr 1100 hier entstand und seit der Sprengung 1714 lange ein bequemer Steinbruch war. Wir unterqueren mit der Straße, die, gut nachvollziehbar, „Tunnelstraße" heißt, den Lauf der Ahrtalbahn mit einem Doppelpack an Tunnelöffnungen und Brückenbögen, auch wenn das zweite Gleis von 1910 inzwischen stillgelegt ist, und stehen nach dem Schwenk dann vor der Engelsley mit ihrem Tunnelloch von 1834, das 1970 ein wenig mehr geöffnet wurde. Der hohe, harte Felsen, in geologischen Begriffen ein sogenannter Tonschieferhärtling, ist keine hundert Meter stark, und doch zwingt er die Ahr drei Kilometer weit zu einer Schleife durch weichere Schiefer- und Grauwackebänke, die sich am östlichen Ende des Tunnels erst wieder zusammenzieht. Nach dieser Enge hat der Felsen seinen Namen „enge Ley", der dann zu „Engelsley" verballhornt wurde.

Reimerzhoven

Hier, wo sieben Wanderwege ausgewiesen sind, halten wir uns rechts und wandern nun ins Langfigtal. An der grünen Fußgängerbrücke gehen wir vorüber und folgen weiterhin dem Fluss an seinem linken Ufer. Bald haben wir den Lärm und die Betriebsamkeit der „Ahr-Rotweinstraße" hinter uns gelassen, nur Vogelstimmen sind noch zu vernehmen. Es geht an einem Einzelhaus vorbei, bald darauf, bei einer Furt im Fluss, an einem zweiten mit verlassenen Weinbergterrassen darüber. Hier endet der Asphaltbelag des Wegs, wir wandern nun auf einem alten Weinbergsweg am Fluss entlang mit Erlen und Weiden am Ufer. Woher das Langfigtal den Namen hat, weiß niemand mehr. Alt scheint er nicht zu sein, noch Gottfried Kinkel kennt ihn nicht in seinem Ahrtalbuch von 1845. Erst spät im 19. Jahrhundert taucht der Name auf, bis dahin hieß das Tal „die Ahrschleife bei Altenahr". Auf den Karten heute heißt sogar der Felsen, den die Ahr umzingelt, „Langfig", KInkel nennt ihn noch, wie alle damals, „Breite Lei".

Mit einem Bolzplatz kündigt sich am Ufer gegenüber die „Naturschutz-Jugendherberge" an, halb verborgen liegt sie hinter Bäumen. Wir wandern durch die Kehre des Flusses, der sich auf dem Gleithang eine Zeitlang nun entfernt. Dann führt uns neben einer großen Eiche ein Brückchen über die Ahr. Hier wandern wir nun auf dem schmalen Steig im Schieferfels am rechten Ufer durch den Buchenwald („A") und stellen uns leicht jene „ergreifendste Einsamkeit" vor, die Kinkel hier noch fand.

Noch einmal verschwenkt sich die Ahr und verbreitert ihr Tal. Hier wachsen Kiefern in den ehemaligen Terrassen für den Wein. Der Anblick von Burg Are über uns macht deutlich, dass wir die Engelsley nun wieder vor uns haben. Vor der modernen Brücke, die zum Klärwerk führt, gabelt sich der Pfad; wir bleiben hart am Ufer, passieren die Brücke und wandern nun am steilen Prallhang weiter, vorüber an dem grünen Brückchen für die Wanderer. So unterqueren wir auch hier die beiden Eisenbahnbrücken und folgen weiterhin dem Ahrtalweg („A").

Am Ufer gegenüber liegt die Straße, hier nur dann und wann ein kleiner Garten. Bald taucht Reimerzhoven vor uns auf, das auch zu Kinkels Zeit kaum kleiner sein konnte als jetzt, doch immerhin ein grünes Brückchen, ein Kapellchen und ein Gasthaus hat, „Zum Doktor" geheißen, weil ein ehemaliger Besitzer „Arzt" hieß, aber keiner war. Nach dem Schoppen, den man uns als „95er Fratzenschneider" kredenzt, folgen wir dem Pfad am rechten Ufer weiter und erreichen nach der nächsten Biegung die ersten Weinberge von Laach. Wieder steht ein Brückchen für eine Einkehr bereit. Hier verlassen wir den Ahrtalweg („A") und steigen in der Böschung rechts den Weg hinauf, der nach dem Hinweis an der Kastanie zum „Schrock" hinauf führt.

Der Aufstieg ist ein langes Zick-Zack durch die Reben und den buschigen Niederwald die Krähhardt hinauf, durch deren Fels die Eisenbahn im Tunnel fährt. Auf der Höhe finden wir bei ein paar Bänken die Hinweise auf Laach und Reimerzhoven, jeweils zehn Minuten Wegs – hinab. Statt geradeaus in Richtung Reimerzhoven halten wir uns links und folgen einem hübschen Fahrweg durch das Gras, geradewegs auf dem Rücken der Höhe mit einzelnen Bäumen.

Bald schwenkt die Fahrspur auf dem Höhenrücken links, auf einen Hochsitz zu; wir wandern weiter geradeaus und kommen, wo der Rücken schmaler wird, in den Wald der Teufelsley hinein. Ein wenig steigt der Pfad vom Grat nach rechts hinab und bringt uns nah der Höhe weiter. Zur Rechten fällt die Böschung steil ab in das Langfigtal. Vereinzelt finden wir an Stämmen die Markierung „6" für diesen Weg. Dann geht es über Tritte und im Zickzack links hinauf bis auf den Grat und an ein Wegekreuz heran mit Hinweisen. Wir bleiben weiter nah dem Grat und geradeaus in Richtung „Altenahr" und „Steinerberg" („6").

Zuletzt stößt unser Pfad bei einer roten Bank auf ein kleines Plateau in der Kehre des Wanderwegs 11. Rechts und talwärts bringt uns bald der Weg zurück. Doch vorher steigen wir nach links hin-

Im Langfigtal

auf in Richtung „Schrock", „Steinerberg" und folgen dem Winkel des Eifelvereins in Richtung seiner offenen Seite. Nach etwas mehr als 100 Metern führt der Wanderweg im spitzen Winkel links zurück und kräftezehrend aufwärts. Noch einmal schwenkt der Weg nach rechts, dann lesen wir den Hinweis in der Böschung: „Schutzhütte und Aussichtspunkt Schrock 100 m" und kraxeln auch das letzte Stück hinauf bis auf den Felsensporn in 405 Meter Höhe und an die Hütte heran.

Man könnte wohl den Blick das Ahrtal entlang als „atemberaubend" bezeichnen, doch vorerst ist nur wenig da, was man uns rauben könnte. Wir schöpfen Atem und studieren aufmerksam das Panorama, dann steigen wir hinab, wie wir gekommen sind, bis zur erwähnten Kehre mit der roten Bank, wo der Rundweg „6" den Wanderweg erreicht. Hier folgen wir der Winkelspitze und dem breiten Weg die hohe, immer wieder felsdurchsetzte Böschung der Winterhardt hinab. Bald nach einer Kerbe in der Böschung stößt von rechts ein Weg hinzu. Wir steigen weiter geradeaus bergab, noch immer hoch über der Schleife der Ahr.

Wo zuletzt die Böschung flacher wird, erreichen wir bei einer roten Bank ein Wegekreuz. Links führt der Weg durch eine Bresche in den Felsen in Richtung „Horn" und „Altenburg", rechts über Tritte zügig an die Ahr. Wir folgen hier dem Pfad dicht an der Bank vorbei und in den Wald. Hier scheiden sich sogleich die Wege – und die Geister: Bequem ist der Weg „6" (weiterhin identisch mit dem Wanderweg mit Winkel), der nach rechts im Wald hinabführt und am Ufer dann die Ahr hinauf, an der Jugendherberge vorüber bis zum Tunnel, in den Ort.

Wir aber steigen nun der „7" nach, schon wieder in der Böschung aufwärts, und kommen auf das Felsenriff, das nach Westen hin das Langfigtal beschirmt. Nach einem halben Kilometer finden wir den Namen „Teufelsloch" mit weißer Farbe auf dem Fels geschrieben und steigen rechts die letzten Tritte hoch bis an das Loch im Felsen, das schon Kinkel unter diesem Namen kannte. Die Sage weiß: Hier saß einmal ein Eremit, den wollte ein verteufelt schönes Weib verführen. Doch unser Klausner roch den Satansbraten und rief den lieben Gott um Beistand an. Das Weib entpuppte sich als Satan, und der entsprang im Zorn wie Rumpelstilzchen, doch mitten durch die Wand wie lange nach ihm erst die Tunnelbauer.

Von hier aus bringt der Felsensteig uns weiter bis zum Schwarzen Kreuz von 1865 (neu errichtet 1965, wie wir lesen). Von hier aus sehen wir die Engelsley mit ihren Löchern, eins, zwei, drei,

Engelsley

und unter uns den Bahnhof. Und wer sich nun beim weiteren Verlauf des Wegs beobachtet fühlt, der findet in den Stämmchen links und rechts des Weges die Erklärung: Hier hat vor Jahren Toni Görtz, ein Holzschnitzer und längst ein alter Herr, Fratzen in natürliche Verletzungen der Bäume eingekerbt und angemalt und hält die Farbe auch noch heute frisch.

Auf blankem Felsen geht es, wenn wir wollen, weiter bis zum „Nückelchen", der Kuppe mit dem kleinen Pavillon, doch vorher, zwischen Schwarzem Kreuz und Pavillon, steigt ein Pfad hinab bis an die Schienen vor der Ahr. Ihm folgen wir zuletzt: Vor den Gleisen gehen wir nach rechts, kommen durch die Fußgängerunterführung und wandern auf der grünen Galerie am Fluss entlang, die Ahr hinauf, zurück, an mächtigen Kastanien vorbei zum Bahnhof.

Kurzbeschreibung Tippeltour 20

Weglänge: 11 km

Anfahrt: Mit der Ahrtalbahn von Remagen oder über Kreuz Meckenheim und B 257 bis Altenahr, Bahnhof gleich jenseits der Ahr. Alle drei großen Parkplätze im Ort sind gebührenpflichtig.

Wanderkarte: 1 : 25.000 Das Ahrtal (= Wanderkarte Nr. 9 des Eifelvereins) oder Sonderkarte Altenahr 1 : 20.000

Wanderweg: Vom Bahnhof am linken Ahrufer „A" folgen, vor dem Tunnel rechts in Langfigtal und „A" weiter am Ufer, nach gut der Hälfte der Schleife Ahr überqueren (Fußgängerbrücke) und weiter bis zum jenseitigen Tunnelende, weiter „A" und Abstecher nach Reimerzhoven. Danach „A" weiter bis zur nächsten Fußgängerbrücke. „A" verlassen und rechts in Kehren hinauf; auf der Höhe der Krähhardt rechts („6") bis Wanderweg 11 (Winkel), mit ihm ggf. hinauf zur Schrockhütte. Mit 11 (Winkel) dann zurück ins Langfigtal bis Felsenbresche mit Schildern „Horn" und „Altenburg". Hier entweder 11 rechts oder „7" über Teufelsloch und „Schwarzes Kreuz" zurück.

Einkehrmöglichkeiten: In Altenahr zahlreich, u. a. Schäferkarre (Montag Ruhetag) Tel. 02643-7128. Im Bahnhof mit dem „Haus des Gastes" griechische „Taverna Sirtaki" (Donnerstag Ruhetag) 02643-8110. In Reimerzhoven, wie beschrieben, „Zum Doktor" (Dienstag Ruhetag) Tel. 0 26 43-84 45.

Auskunft: Altenahr 0 26 43-84 48.

Der Weg weist zwei erhebliche Steigungen auf; die zweite lässt sich durch Verzicht auf den Abstecher zum Schrock vermeiden. Für Wanderer, die den Weg 11 (Winkel) an der Jugendherberge vorüber wählen, gibt es noch die Möglichkeit, wenigstens zum „Nückelchen" und zum „Schwarzen Kreuz" aufzusteigen: vor der Rückkehr in den Ort an der grünen Brücke links dem Pfad zwischen Spielplatz und Tennisplatz folgen. Wer die Herausforderung sucht, folgt von der Schrockhütte weiter dem Weg „8" bis zur „Hornberghütte" und steigt dann mit dem Wanderweg (oder über „Michelskopp") ab. Unten an der Schule rechts und weiter mit Weg „7".

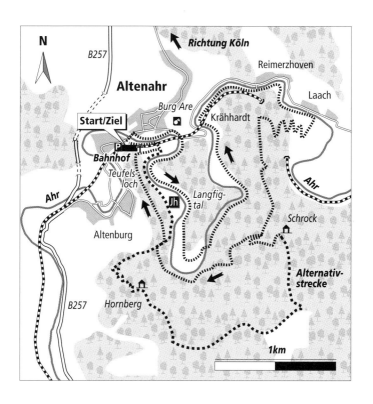

Tippeltour 21:

Wie von der Erosion vergessen

Clara Viebig kam aus Trier. In Düsseldorf ging sie zur Schule, in Posen wurde sie erwachsen, in Berlin an der Musikhochschule Sängerin. Doch einen Namen machte sie sich als Autorin. Als „Zolaïde", als deutsche Antwort auf Emile Zola, erwarb sie Ruhm und hohe Auflagen. Nach 1933 aber zählte eher, dass ihr Mann ein Jude war: 1952 starb sie mittellos und fast vergessen in Berlin.

Auf Clara Viebigs Fährte sind wir heute unterwegs: „Das Kreuz im Venn" von 1908 gehört zu ihren heute noch gelesenen Romanen, und rings um dieses Kreuz liegt unser Weg und Clara Viebigs Wendezeiten-Panorama – 23 schöne Kilometer lang der eine, 389 Seiten in Fraktur das andere.

Bis in die schmucken Kirchturmspitzen aus dem Jahre 1900 ist ihr Beispieldörfchen „Heckenbroich" dem heckenreichen Kalterherberg nachempfunden – nur dass auch Clara Viebig „Hainbuchenhecken" nennt, was doch in Wirklichkeit Rotbuchenhecken sind. Von hier aus machen wir uns auf den Weg: Vom Parkplatz folgen wir dem asphaltierten Fahrweg talwärts und in Richtung „Kreuz im Venn": So steht es auf der Hinweistafel.

Vorüber an der kleinen Kläranlage, begleiten wir die junge Rur links unter uns. Es geht vorbei an einem Viadukt der alten Vennbahn, dann mit dem Bahndamm weiter geradeaus. Bald kommen wir in dunklem Fichtenwald vorbei an einem kleinen Weiher. Wo der Asphalt dann endet, gabeln sich die Wege. Wir bleiben links am Fuß der Böschung und wandern mit der Rur bis an die Landstraße heran. Rechts oberhalb in der Kapelle für den heiligen Norbertus brennen rote Lichter. Die Brücke bringt uns über den Fluss, dahinter gleich erreichen wir zur Linken einen Wanderparkplatz. Neben seiner Orientierungstafel am jenseitigen Rand folgen wir dem Hinweis links hinauf zum „Kreuz im Venn". Nach etwa 100 Metern kreuzt der Pfad das Gleis der Eisenbahn von 1885: Jetzt wandern wir in Belgien und steigen weiter in derselben Richtung auf die Richelslei. Nach nochmals reichlich 100 Metern geht es über einen Querweg hinweg und weiter aufwärts, wo wir dann nach abermals rund 100 Metern den breiten Weg nach rechts verlassen. Hier ist auf einem Fichtenstamm ein weißes Kreuz mit

Kreuz im Venn

einem Pfeil gemalt: Ihm folgen wir halbrechts im Wald hinauf, noch einmal über einen schlechten Weg hinweg und dann ein wenig links bis an den Fels heran, auf dessen Spitze wir ein Kreuz aus grauem Eisenblech entdecken, sechs Meter hoch: Das Kreuz im Venn, „das Wahrzeichen im schwarzen Land". Dem Pfarrer, der es 1890 hier errichten ließ, Gerhard Joseph Arnoldy, stiftete die dankbare Gemeinde Kalterherberg zu seinem Priester-jubiläum 1894 unterhalb im Felsen eine Grotte wie in Lourdes mit einer weißen Muttergottes. Malmedy und Eupen waren damals deutsch, heute ist das Kreuz ein Pilgerziel für Sourbrodt, Nidrum, Elsenborn und Kalterherberg. Dazwischen gab es eine Zeit, da lagen belgische Soldaten im hohlen Querbalken des Kreuzes und schauten heimlich, wie es mit dem Westwall weiterging.

Wir gehen um den Felsen halb herum, einerlei, ob links, ob rechts, und steigen auf steinernen Tritten mit einem Eisengelän-der bis an das umgitterte Kreuz heran. Es gibt im weiten Umkreis keinen zweiten Fels wie diesen, kompaktes Konglomeratgestein, der Rand des devonischen Meeres, wenn man den Geologen glauben mag, von der Erosion vergessen, ein rechtes Fundament des Glaubens.

Wieder bei der Grotte und der großen Buche, folgen wir dem Weg ein Stück zurück und nehmen gleich den schlecht gespurten Weg im Wald nach rechts, noch einmal nahe an der Ley vorüber, bis wir nach ungefähr 200 Metern erneut den breiten Weg erreichen,

Hill-Bach

dem wir zuvor gefolgt sind. Ein wenig links liegt Kalterherberg auf
der Höhe.
Wir wandern auf dem neuen alten Weg nun weiter, vorbei an
einer Schutzhütte und einem zweiten Weg, der ebenfalls zum
Kreuz hinüberführt. Nach 400 Metern stoßen wir auf einen breiten, asphaltierten Weg. Hier gehen wir 250 Meter weit nach
rechts und nehmen dann den ersten Fahrweg links. Wir wandern
hier im Staatsforst Stellerholz; der breite Weg steigt sacht, doch
stetig an, führt uns vorbei an einem Holzhaus rechts des Wegs
und schwenkt dann, weiter steigend, links, dem flachen Pannensterzkopf entgegen. 660 Meter sind wir hoch am höchsten Punkt
des Wegs, dahinter folgen wir bei einem Wegekreuz der schnur-
geraden asphaltierten Schneise rechts.
Zur Linken fällt das Waldgelände ab zum Schutzgebiet des
Cléfaye-Venns, daher die Schranken an den Schneisen. Unser
Weg schwenkt nach einem halben Kilometer leicht nach rechts.
Fast einen Kilometer weiter, nach einer frisch lackierten Eisenschranke, zweigt halbrechts ein Fahrweg ab, während unser Weg
nun fein geschottert weiter geradeaus führt, vorbei an einer zweiten Eisenschranke, und erst als „Privatweg" wieder asphaltiert ist.
Hier geht es nun spürbar hinab, bis wir im Wald ein großes Wegekreuz erreichen.
Dort gehen wir nach links und folgen dem Asphaltweg weiterhin
bergab. Nach einem halben Kilometer stößt von rechts ein zwei-

ter Weg hinzu, wir gehen weiter geradeaus in Richtung „Sourbrodt". Unten, fast im Talgrund, finden wir bei einer Bank den
ersten grün-weißen Signalmast für den roten Wimpel, der bei
Waldbrandgefahr den Zutritt in die Schutzzonen verwehrt. Der
Weg nach Sourbrodt führt nun durch die Furt des Miesbachs. Wir
bleiben noch ein Stück weit auf unserem Weg, folgen ihm noch
rechts um den Sockel des Herzogenhügels herum und nehmen
dann, gleich am Ende der Biegung, den schmalen Weg nach links
bis an die Hill heran, wo wieder ein Signalmast steht.

Jetzt beginnt die schönste, wenn auch kräftezehrendste Partie
der ganzen Tour: Drei Kilometer über Stock und Stein den Fluss
entlang, durch Sumpf und Heide, Binsen, Wald und totes Holz.
Auf Steinen meistern wir den Weg nach links auf das andere Ufer
der Hill, dann folgen wir dem deutlich in den Grund gekerbten
Pfad, der weiterhin dem Wasser, nah dem linken Ufer, im Weglo-
sen entgegengeht. Das ist der Wanderweg „GR 573", weiß-rot mit
einem doppelten Balken markiert. Anfangs geht es nah dem
Fluss, dann auf dem Sockel oberhalb der Aue durch lockeren Be-
wuchs von dunklen Birken. Am Fuß des Petit Bongard läuft der
Pfad durch Wald mit Adlerfarn, ist anfangs trocken, bis immer wieder neues Wasser von der Höhe in die Hill hinunterdrängt und den
Boden aufweicht zu Morast.

Die letzten Meter dieser Strecke wandern wir auf Stegen, dann
haben wir das Flurstück „Rakesprée" erreicht mit einer Hinweistafel und einer hölzerne Brücke über den Fluss. Hier gab es bis
ins 18. Jahrhundert alljährlich am Sankt-Michaelis-Tag mitten im
Venn einen Viehmarkt. Die Hill, die heute noch die Grenze zwischen den Kreisen Malmedy und Eupen ist, trennte damals Her-
zogtümer, und die Bauern auf der Luxemburger Seite lockten mit
dem Markt die Käufer von weither.

Wir überqueren nun die maerische Brücke, den Pont Marie-Anne
Libert, steigen ein paar Meter aufwärts und folgen dann der breiten Schneise am Rand des Wallonischen Venns. Dahinter, drei-
tausend Meter weit entfernt, steht der Turm von Botrange, seit
1932 die höchste Stelle Belgiens, 694 Meter hoch plus 24 für den
Turm. Unser Weg ist weiterhin rot-weiß markiert. Nach einem
halben Kilometer knickt der Weg nach links. Wir wandern auf
federndem Torf und halbversunkenen Knüppeldämmen, bis wir
nach abermals 500 Metern durch eine breite hölzerne Barriere
kommen. Hier gabelt sich der Weg, doch beide Varianten führen
weiter. Wir bleiben rechts, am Rand des Moorgebiets noch immer
auf der breit gemähten Spur am Rand des Waldgebiets, bis wir

Pont Marie-Anne Libert

nach 800 Metern ein Gatter erreichen. Hier kehren wir dem
Wallonischen Vennland den Rücken und gehen links bis an die
Waldecke und dort nun weder rechts noch halbrechts, sondern
geradeaus auf einem schmalen Pfad auf das bekannte Wander-
zeichen zu. So geht es zwischen Blaubeerkraut und Gras kaum
mehr als 100 Meter durch den Wald bis auf den breiten „Eisenweg", eine alte Handelsstraße durch das Venn. Uns zu Füßen
steht aus Blaustein hier ein Kreuz von 1839: Wir lesen einen
Namen: „Leonard Christiane", dazu den Sachverhalt: „Frappé":
Den traf der Blitz, als er vom Mähen kam.
Auf dem breiten Dammweg gehen wir nach rechts, vorüber an der
Schutzhütte „la Beole" und noch reichlich einen Kilometer weiter.
Am Wegedreieck geht es dann spitzwinklig zurück nach links,
nach 700 Metern schwenkt der Weg nach rechts und führt nach
einem halben Kilometer vorbei an einem Schotterweg nach
rechts. Das wiederholt sich jeden halben Kilometer: Der nächste
Weg verläßt uns links, der übernächste rechts, und jedesmal
verschwenkt sich unser Weg ein wenig wie zum Ausgleich in die
Gegenrichtung. Wir kommen dabei aus dem Rurbusch in den
Staatswald „Küchelscheid".
Einen halben Kilometer nach der letzten Einmündung von rechts
folgen wir dem nächsten Querweg links und kommen mit der
Doppelkehre in das Bergervenn hinab und in das Tal des
Schwarzbachs, der hier zu einem kleinen Teich gesperrt ist. Ein

Löschteich, weiter nichts, und doch zugleich ein grün gerahmtes schönes Bild. Auf dem Dammweg wandern wir am Teich vorüber und folgen oben dann dem festen Querweg rechts. So geht es wieder in den Wald. Nach einem guten Kilometer stoßen wir auf einen asphaltierten Weg und folgen ihm nun rechts, hinweg über den Bach und neben ihm, am Oberrand der Kerbe, zum Wald hinaus, durch Küchelscheid und mit der Straße geradewegs auf Kalterherberg zu. So überqueren wir die Rur sowie das Gleis der Vennbahn gleich am Bahnhof. Noch ehe wir es amtlich haben, dass wir hier in Deutschland sind, verlassen wir die „Bahnhofstraße" gegenüber ihrem ersten Haus und folgen links dem Fahrweg unterhalb der Straße aufwärts bis zum Parkplatz.

Kurzbeschreibung Tippeltour 21

Weglänge: 23 km.

Anfahrt: Anfahrt Über Monschau, in Kalterherberg die B 399 nach rechts verlassen („Messeweg" in Richtung Mützenich) und gleich die erste Straße („Fedderbach") links hinab bis zum Parkplatz. Ein größerer Parkplatz (am Weg) folgt im Verlauf der Straße nach Mützenich hinter der Rurbrücke.
Von Aachen, Hbf. mit dem Bus 166 der BVR Simmerath (0 24 73-66 46/47), sonntags aber selten.

Wanderkarte: 1 : 25.000 Hautes Fagnes/Hohes Venn/Hoge Venen (belgische Karte) oder Freizeitkarte Nr. 26, 1 : 50.000, Nordeifel Hohes Venn.

Wanderweg: Vom Parkplatz rurabwärts bis Straße mit Kapelle, hier links zum Kreuz im Venn. Dann bisherigen Weg weiterverfolgen bis Asphaltweg nach 400 m, nun rechts und nach 250 m Fahrweg links folgen bis Pannensterzkopf. Hinter der Höhe rechts, nach 2 km Linksschwenk und mit Fahrweg 1 km hinab bis Herzogenhügel. Unten rechts und sofort am Ende der Biegung links und Pfad bis an Hillbach heran. Aufs andere Ufer und dem Bach 3 km entgegen mit rot-weiß markiertem Wanderweg. An „Rakespré" links über Brücke und am Rand des offenen Vennlands entlang. Nach 500 m Linksknick, nach weiteren 500 m bei Gabelung rechts und 800 m weiter am Venn. Am Gatter links und durch den Wald bis auf breiten „Eisenweg" am „Christianen"-Kreuz. Mit Fahrweg 600 m rechts, am Wegedreieck scharf links und lange auf diesem Weg bis in Staatswald „Küchelscheid". Links, am Schwarzbach und Stausee vorüber und auf Querweg rechts bis Küchelscheid und über Vennbahn hinweg. Am ersten Haus der „Bahnhofstraße" halblinks hinauf bis Start.

Einkehrmöglichkeiten: am Weg keine

Auskunft: Monschau-Kalterherberg 0 24 72-1 94 33; Hohes Venn 00 32-80 44 72 72.

Der Weg an der Hill darf nur tagsüber gegangen werden.
Der Weg lässt sich nur geringfügig verkürzen. Wer das schwierige Stück am Hillbach vermeiden möchte, kann zuvor dem Weg in Richtung „Sourbrodt" folgen und trifft am „Christiane"-Kreuz wieder auf den beschriebenen Weg. (Vgl. zu beidem die Karte).

Clara Viebigs Roman „Das Kreuz im Venn" ist im Rhein-Mosel-Verlag (ISBN 3-929745-44-5) erhältlich.

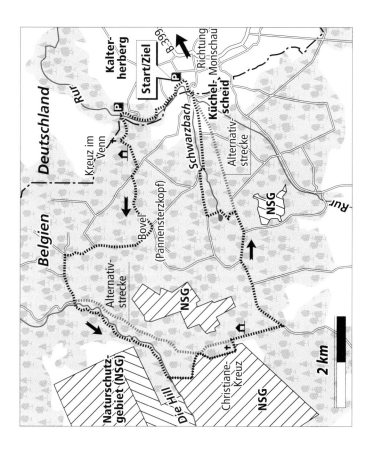

Tippeltour 22:

Auf dem Indianerpfad

Vermutlich haben schon die Römer auf diesen Schieferhängen Reben angebaut. Anders läßt es sich kaum denken, auch ohne wirklichen Beweis. Doch als im Jahre 893 die Benediktiner zu Prüm sich und der Nachwelt schriftlich ihrer Rechte und Besitzungen versicherten, war Dernau schon dabei: „Degernavale" nach dem alten Namen. Ein weites Tal, das größte zwischen Altenahr und Walporzheim, im Bogen an die Ahr geschmiegt, die ihrerseits im halben Rund hier um den Krausberg fließt und damit, und zum letzten Mal, die Richtung ändert bis zum Rhein.

„Fußweg zum Krausberg 50 Minuten": So lesen wir es an der Wand in Dernau „An der Wacht". Der Krausberg ist für diesmal unser Ziel, doch unser Weg ist weiter, dauert länger, aber hat auch mehr zu bieten: Wein und Wald und weite Blicke.

Vom Ortskern kommend, überqueren wir den Fluss und folgen auf dem Sträßchen „Ahrweg" nun dem Zeichen „A" des Ahrtalwegs nach rechts. Das mächtige Gebäude neben uns war einst der Sitz des Dernauer „Weinbauvereins", der mit einer Reihe anderer Genossenschaften zwischen Rech und Heimersheim vor Jahren umgewandelt wurde in die „Ahr Winzer eG", mit mehr als 600 Mitgliedern heute die größte Gebietsgenossenschaft der Ahr. Der Weg führt uns entlang an einer Reihe neuer Häuser vor den Reben der „Dernauer Goldkaul". Nach einem Dreiviertelkilometer erreichen wir die Steinbergsmühle, immer noch ein Sägewerk am Ufer. Die alte Brücke wurde auf den schweren Fundamenten wieder hergerichtet, wie sie einmal war, dem Bild zuliebe, dem Verkehr zum Trotz.

Wir wandern weiter an der Ahr entlang, vorbei an großen Weiden und an Walnussbäumen. Wo bei einem Wehr das flache Wasser über Steine fällt, wächst der Wein bis an den Fluss heran. Der Weg ist nun ein schmaler Pfad im Schieferfels und führt durch alte Gärten und Terrassen. So kommen wir nach Rech. Hier schwenkt der Weg, der nun „Im Bungert" heißt, nach links und stößt gleich auf die „Nollstraße", der wir nun links zu folgen haben. Doch vorher gehen wir nach rechts, zur Kirche und „Zum Alten Pfarrhaus", das nur noch „Pfarrhaus" heißt und längst ein hübsches Weinlokal geworden ist.

Nach der Erfrischung setzen wir den Rundweg fort und kehren mit
der „Nollstraße" dem Dörfchen Rech den Rücken. Es geht vorbei
am „Nollweg" gegenüber einem Bildstock, vorüber an dem
Sträßchen „In der Steinrinne". Wo wenig später rechts „Im Met-
ziggarten" abzweigt, folgen wir dem Hinweis auf dem Stein „nach
Dernau" und nach links und kommen mit der „Hardtstraße" zum
Ort hinaus, gleich durch den Rechtsknick und in einer spitzen
Kehre um den modernen Bildstock herum und aufwärts in die
Reben.

400 Meter weiter schwenkt der Weg hoch über Rech nach rechts:
Hier haben wir bei einer Bank den schönsten Blick hinunter auf
den Ort. Ein Stück weit folgen wir der Ahr hoch über ihr, vorbei an
einer namenlosen Abzweigung nach rechts und im Laubwald
weiter mit dem Rundweg „5". 750 Meter nach dem Blick auf Rech
schwenkt unser asphaltierter Weg bei einer Bank auf einer
kleinen Lichtung rechts, und knappe 100 Meter weiter geht es
vorüber an dem eingezäunten „Streckenschieber" der Pipeline,
deren Hinweis wir gesehen haben, vorbei auch an dem Weg nach
rechts und vom Sockel der Schieber-Station keine 100 Meter weiter bis zur nächsten Gabelung im Wald mit vielen Hinweisen für
Wanderer.

Hier folgen wir dem oberen der beiden Wege (anfangs „2" und „3")
in Richtung „Krausberg". Nur wenig später teilen sich die Wege in

Rech zwischen Reben

der Böschung: Weg „2" führt nun nach links, in dieser Richtung
haben wir den Krausbergturm auch schon gesehen. Wir aber
gehen nun nach rechts und folgen weiterhin dem Hinweis
„Krausberg" und dem Rundweg „3". Es geht im Laubwald an der
Böschung weiter sacht bergauf. Als die Senke neben uns 400
Meter weiter flacher wird, schwenkt unser Weg nach rechts und
bringt uns gleich darauf an einen Querweg. Hier gehen wir nach
links und bei der Gabelung nach etwa 50 Metern abermals nach
links und weiter mit Weg „3".

Der Boden wird beim Steigen sandiger, der lichte Wald besteht
fortan aus Eichen und aus Kiefern. Nach einem Dreiviertelkilometer zweigt nach rechts ein unmarkierter Weg ab, dann fällt das
Gelände sacht ab, und wir erreichen nach weiteren 300 Metern
mitten im Wald den „Dernauer Platz", eine freie Fläche zwischen
Eichen mit einer Bank und einem Tisch: Das war ein Rastplatz
schon in alter Zeit, als die Menschen aus dem Dörfchen Ramers-
bach zu Fuß ins Ahrtal und zur Arbeit kamen.

Hier geht es halblinks weiter mit dem Rundweg „3", gut markiert
mit einem Hinweisstein, bis wir nach knapp 200 Metern bei einem
Wegedreieck abermals auf einen Hinweis stoßen. Der Weg zum
Krausberg führt uns geradeaus, und wir verlassen für Minuten
den Weg „3" und gehen auf dem unmarkierten Weg, vorüber an
der Abzweigung der Wege „9" und „18" und weiter auf dem „Indi-
anerpfad", wie Einheimische den Aufstieg nennen, weil er von
hier am schnellsten auf den Gipfel führt. Gleich stößt der Rundweg „3" erneut hinzu, und wir wandern geradewegs durch dünnen
Eichenwald, quer zu allen Formen des Geländes, gleich zweimal
über einen Höhenrücken, dann über einen namenlosen Querweg
und weiter mit den Zeichen „3" und „Krausberg". Zur Linken steht
im Wald eine hölzerne Hütte, bald tritt der blanke Felsen aus dem
Untergrund, und wir passieren gleich den gut besetzten Parkplatz
auf dem Berg. Mit seiner Zufahrt geht es links zur Hütte und zum
Turm.

Ein erster Krausbergturm datiert von 1927; schon damals ging
der Blick bis auf den Kölner Dom. Dann wurde 1944 der Turm
dem Endkampf zuliebe gesprengt. Der Wiederaufbau 1951 kam
zunächst nur auf ein Türmchen von sechs Metern und hieß entsprechend: nämlich „Stomp". Erst am 30. April des Jahres 1967
war es mit dem neuen Turm so weit.

Von unten haben wir die Fahne auf der achteckigen Plattform
schon gesehen, die sonn- und feiertags bekanntgibt, dass die
Krausberghütte offen ist. Jetzt sehen wir, dass ein paar Dutzend

75 Stufen hoch: der Krausbergturm

Wanderer, wie wir, das Zeichen als Appell verstanden haben. Fast alle Tische sind besetzt, doch ehe wir es uns bei trockenem Weißen und Erbensuppe aus dem großen Kessel gut sein lassen, steigen wir hinauf.

368 Meter mißt der Berg: So steht es auf der Hütte über der Tür, 22 Stufen sind es bis hinauf zum Gipfel, und 75 weitere noch einmal für den Turm. Dann haben wir den schönsten Rundblick auf das Ahrtal, den wir kennen: Von den Kegeln der Landskrone und des Neuenahrer Bergs reicht der Blick bis Rech und auf den Steinerberg. Wie ein aufgeklappter Fächer liegt das Tal von Dernau um den Fluss, und die Rebenhänge steigen um das Dorf an wie die Ränge eines griechischen Theaters. Gut ist fern im Ort die zweite Trasse für die Eisenbahn an ihren Mauerbögen zu erkennen. Sie sollte einst von Liblar über Rheinbach, durch den Berg und an der Wand entlang nach Dernau und nach Mayschoß führen und weiter bis nach Lothringen, um wilhelminische Soldaten vor den Feind und lothringisches Eisenerz bis an die Ruhr zu bringen. Dann kam der Krieg – und Lothringen zurück an Frankreich: Die Strecke wurde nie vollendet. Zum Berg hin können wir am Dach der Krausberghütte ihre Baugeschichte lesen, jedenfalls die einzelnen Erweiterungen, wenn auch nicht die rechte Jahreszahl dazu: 1967, 1977, 1981/82.

Nach einer schönen Pause steigen wir hinab: Wir folgen vom Turm aus der Zufahrt am Parkplatz vorüber („3"); in der spitzen

Kreisstadtblick

Haarnadelkehre nach 400 Metern verlassen wir die Straße und Weg „3" und folgen geradewegs am Sperrschild einem Weg in den Wald. Bei einer Gabelung nach etwa 50 Metern, wo links ein Schild vor einem „Bergpfad!" warnt, halten wir uns rechts in Richtung „Alfred-Dahm-Turm". Rund 100 Meter weiter geht es links, der Weg steigt an, dann gabelt er sich gleich darauf ein drittes Mal: Wir gehen wieder links und stoßen so nach 150 Metern im lichten Eichenwäldchen auf den Weg „A 9" und gehen rechts. Auf der flachen Kuppe finden wir dann links den Holzturm und die Hütte, die miteinander dem Gedächtnis jenes Mannes dienen, der der Ahrweiler Gruppe des Eifelvereins als erster vorgestanden hat, 35 Jahre lang, von 1904 bis 1939. Der Berg ist höher als der Krausberg, doch der Blick ist dafür eingeschränkt.

Wir gehen hier vom Turm an der Hütte vorüber und weiter in derselben Richtung auf dem Grat mit einem Trampelpfad, bis wir wenig später auf Weg „18" stoßen. Ihn kreuzen wir zunächst und gehen weiter geradeaus bis an zwei Bänke hinter einem Tisch aus Stein. Was wir da sehen, heißt, pompös oder bescheiden, „Kreisstadtblick": Wir sehen Walporzheim, Kloster und Schule Calvarienberg und den ganzen Unterlauf der Ahr.

Zurück am Wege, halten wir uns rechts, nach Norden, und folgen nun Weg „18". 300 Meter weiter dann verlassen wir den „Krausbergrundweg" und folgen rechts den Wegen „18" und „A 9" auf den letzten Höhenrücken, bald auf einem schmalen Pfad dem Tal

Ohne Worte

der Ahr entgegen. Wo auf dem Grat der Schieferfels das Moos
verdrängt hat, finden wir noch einmal eine Bank. Dann geht es
über Schiefertritte und in Serpentinen abwärts, abermals an einer
Bank vorüber, der „Bunten Kuh" gleich gegenüber, und weiter abwärts auf den gut geführten Ahrtalweg („A"), der mit Stahltrossen
gesichert ohne Steigung halbhoch in der Wand verläuft und bei
einem grün-weißen Drängelgitter vor den Tücken des Geländes
warnt: „Besonders gefährlicher Bergpfad! Steinschlag! Berg-
rutsch- und Abrutschgefahr".
Hier gehen wir nach links und kommen auf dem schönen Wald-
und Felsensteig zurück nach Dernau, an die Ahr. Und als wir noch
einmal nach oben schauen, flattert auf dem Gipfel, über allen
Wipfeln, immer noch die Fahne auf dem Krausberg.

Kurzbeschreibung Tippeltour 22

Weglänge: ca. 11 km

Anfahrt:
Mit der Ahrtalbahn ab Remagen bis Dernau (ggf. auch bis Rech und zurück ab Dernau), mit dem Auto über Meckenheimer Kreuz und B 257 in Richtung Altenahr bis Haus Schönberg, hier links ab über Esch bis Dernau. Parkplätze entlang der Ahr im Ort.

Wanderkarte:
1 : 25.000 Das Ahrtal (= Wanderkarte Nr. 9 des Eifelvereins)

Wanderweg:
Mit „A" bis Rech, mit „Nollstraße" durch den Ort bis Abzweigung „Im Metziggarten", hier links mit „Hardtstraße" zum Ort hinaus („5"), Schwenk über dem Ahrtal, 750 m bis Streckenschieber der Pipeline; 100 m weiter und rechts mit „3" 400 m. Bei Querweg links und gleich wieder links und mit „3" über „Dernauer Platz" und geradewegs, unmarkiert, den Krausberg hinauf. Zurück über Zufahrt (anfangs „3") und geradeaus zum „Alfred-Dahm-Turm" und weiter mit „A 9" (auch „18") über „Kreisstadtblick", steil abwärts bis „A" und links zurück.

Einkehrmöglichkeiten: Krausberghütte sonn- und feiertags geöffnet und bewirtschaftet (auf die Fahne achten!). In Rech und Dernau zahlreich, in Rech etwa „Zum Alten Pfarrhaus", nur freitags ab 14.00 Uhr und am Wochenende geöffnet, Tel. 0 26 43-28 45. In Dernau „Hofgarten" hinter der Kirche (Donnerstag Ruhetag außer Mai/Juni und September/Oktober), Tel. 0 26 43-15 40.

Auskunft: 0 26 41-97 73-0, Auskunft Krausberghütte: 0 26 43-27 00.

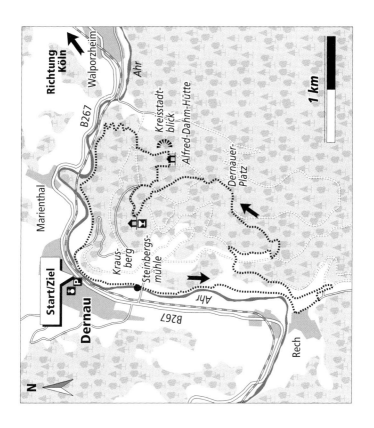

Tippeltour 23:

Stacheldraht im Seitenschiff

Ein Römer namens Sextius, vielleicht auch Sixtius, war hier einmal zu Hause. Nah der Kreuzung zweier Straßenlinien mit Anschluß an die große Römerstraße und die Hauptstadt lag sein Hof. Man kennt von ihm zwar weder Kind noch Kegel, Vater, Mutter, Mann und Maus. Doch seinen Namen immerhin, den er zurückgelassen hat bis heute: „Sixtiacum" – Sistig. Gefunden und bewiesen hat man erst die Nachbarn späterer Jahrhunderte, als ein fränkischer Begräbnisplatz in Sistig ausgegraben wurde.

Als hier das erste Gotteshaus errichtet wurde, lag Sistig schon im Schatten Steinfelds, das römischen Erwartungen an eine Siedlungsstätte sicher nie entsprochen hat: Wer ackert schon gerne auf steinigem Feld? Um 930 waren die Reliquien des heiligen Potentinus und seiner Söhne Felicius und Simplicius feierlich nach Steinfeld übertragen worden, und das Kloster, das im folgenden Jahrhundert hier gegründet wurde, war rasch ein kultureller Mittelpunkt der Eifel.

Hier lebte und hier starb im 13. Jahrhundert Hermann, den man seiner Liebe zu Maria wegen Hermann-Josef nannte, verehrt schon immer, heilig erst seit 1960. Hier bewundert man auch heute noch sein Grab, die Baukunst der Romanik und die Pracht der barocken Altäre. Doch auch Sistigs Kirche ist ein Kleinod des Glaubens, das seinesgleichen selten hat: Nichts spricht dagegen, beide zu besuchen – und beide auf demselben Weg.

Wir gehen an der hohen Kalksteinwand der Klostermauer mit dem Keil des Wanderwegs „4" zurück in Richtung Urft. An der Ecke, bei dem weißen Kruzifix zwischen Kastanien, biegen wir für ein paar Meter in den asphaltierten Fahrweg ein und nehmen dann, nach etwa 50 Metern, bei der Gabelung den Weg nach links, der uns weiter längs der Klostermauer nun schon abwärts bringt.

An der kleinen Kläranlage haben wir das Kloster hinter uns gelassen und steigen mit dem Wanderweg in der Schneise der Stromleitung zügig hinab. Unten kreuzen wir noch einen Querweg in der Böschung, dann überqueren wir den Kuttenbach und kommen zwischen Weidezäunen aufwärts, über holzgestützte Tritte

wieder an den Wald heran. 600 Meter wären es zurück bis Steinfeld, wie wir lesen können, 1,6 Kilometer bis Rinnen. Wir verlassen hier den Weg „4" des Eifelvereins und wenden uns nach links
und in der Böschung abermals nach links in Richtung Steinfelderheistert („1,8 km") und Diefenbach („2,5"): beides spätere
Stationen dieser Tour.
Der Weg, zuweilen als „A 1" markiert, verläuft am Fuß der bewaldeten Böschung, am Oberrand des Bachtals, und zweimal vorüber an einem Querweg in den Wald und auf den Berg. Wir bleiben für 1,5 Kilometer am Rand der Weidefläche linker Hand und
kommen mit dem Bachbett sacht hinauf. Dann schwenkt der Weg
nach links und führt uns an ein Wegekreuz noch vor dem Kuttenbach heran. Hier schwenken wir halbrechts (HInweis „0,6 km
Steinfelderheistert") und steigen mit dem breiten Weg nun in der
Böschung an. Es geht ein Stück am Wald entlang, dann über die
verschneite und verwehte Hochfläche, geradewegs vorbei an
einer Bank mit einer Birke, weiter geradeaus.
So erreichen wir Steinfelderheistert mit einem Spielplatz am Weg.
Wir gehen weiter geradeaus, jetzt mit dem „Veilchenweg", und
kommen schließlich an die Hauptstraße durchs Dorf, die „Florastraße" heißt. Gegenüber steht ein Kreuz aus grauem Stein, und
am Lichtmast finden wir das Zeichen des „A 7". Am Kreuz vorüber, folgen wir dem „Pappelweg" zum Ort hinaus. Beim Blick
zurück beherrschte bis zuletzt die Kirche von Steinfeld das Bild.

Im Tal des Kuttenbachs

Eifelhöhen

Jetzt, nach dem sachten Linksschwenk, wandern wir schnurgeradeaus dem Ziel entgegen, dem grauen, hohen Turm von Sistig. Nach einem halben Kilometer, bei einer jungen Eiche vor einem eingehegten Fichtenstück, schwenkt unser guter Weg nach rechts, hinab und geradewegs auf einen kleinen flachen Laubwaldbuckel zu. Hier gehen wir nach links, vorüber an zwei Bänken und unter einer Eiche her („13"). So kommen wir hinunter an den kleinen Salbersbach. Hier windet sich der Fahrweg rechts und 100 Meter weiter wieder links und bringt uns nun erneut auf Sistig zu. Bei einer Gabelung nach rund 200 Metern halten wir uns geradeaus und folgen ohne Wanderwegezeichen dem gesperrten Fahrweg durch die Flur des Geißackers geradewegs nach Sistig.

Dass dies einmal ein Dorf war, ist erst zu sehen, wenn man sich der Kirche nähert, am Ortsrand wird gewohnt wie irgendwo am Stadtrand. Die Dorfhalle heißt dementsprechend „Bürgerhalle", an ihr vorüber geht es mit dem Sträßchen „In den Peschen" weiter bis zur „Kaller Straße". Hier halten wir uns links und kommen geradewegs zur Kirche, 1902/03 aus stumpfem Kalkstein neu gebaut, weil das alte Kirchlein abgebrochen werden musste. Auch das Pfarrhaus auf der einen Seite und die Schule auf der anderen zeigen den hiesigen Kalkstein, ansonsten duckt sich bäuerliches Fachwerk um die Sankt-Stephanus-Kirche. Ihr Turm war viele Jahre lang auf seiner West- und Wetterseite mit einem falschen Schieferkleid behängt. Jetzt ist der alte Baustein wieder freigelegt, verfugt und restauriert und leuchtet in der Sonne.

Doch ihren Ruf verdankt die Kirche nicht dem Äußeren. Sie ist berühmt für ihren Innenraum: Mit 92 Deckengemälden des Mönchengladbacher Malers Ernst Jansen-Winkeln im Chor und den Jochen der Schiffe erläutert sie die Glaubenssätze und Stationen aus dem Lebe Jesu wirkungsvoll in zeitgemäßer, sachlicher Figürlichkeit. Als „Sistiger Bilderbibel" ist dieser Deckenschmuck ein Zeugnis des Glaubens in schwieriger Zeit. 1941 war der Plan des langjährigen Sistiger Pfarrers Johannes Berens aus dem belgischen St. Vith so weit gediehen, dass man das Werk beginnen konnte. Abgeschlossen aber wurde die Bemalung erst in der frühen Nachkriegszeit bis 1948. Da stand denn auch gelegentlich der Schrecken der Vergangenheit Modell. Da gibt es Stacheldraht im Seitenschiff und nebenan sogar ein spätes Hitlerbild zum „Vaterunser"-Vers von „Schuld" und „Schuldigern". Vermutlich hatte mancher auch in Sistig eben erst sein Hitlerbild im Teich versenkt, im Wald vergraben oder im Kamin verbrannt: Jetzt war er wieder

St. Stephanus, Sistig

da, gewissermaßen amtlich, unterm Kirchendach. Da hatten sie bis Kall und Schleiden was zum Staunen. Manch einem war der Seufzer sicher noch im Ohr: Wenn das der Führer wüßte! Anderswo wird Marx gelesen, auch „das Kapital": Nicht vornehm sollte diese Kunst sein, sondern deutlich!

Von der Kirche kommend, überqueren wir den „Kirchplatz" vor dem Turm. Hier liegt die alte Straßengabelung wie schon zur Römerzeit, hinzugekommen in den letzten Jahren ist nur die Umgehungsstraße vor dem Ort. Am „Kirchplatz" nehmen wir die alte „Blankenheimer Straße" gleich nach links, am Umspannturm vorüber. Nach 100 Metern biegen wir dann wieder links ins Sträßchen „Quirinusborn" ein. Im Kirchenfenster haben wir den heiligen Quirinus schon gesehen, jetzt finden wir auch seinen eingefaßten Brunnen, an der nächsten Gabelung der Straßen rechts. Von hier aus folgen wir dem Sträßchen „Auf dem Stützgen" geradeaus und durch den alten Kern des Dorfs, vorüber an der Einmündung des Sträßchens „In der Sürsch". Beim Weitergehen schwenkt der Weg bei einer Buchenhecke rechts und trifft noch einmal auf die Straße „In der Sürsch". Von hier aus folgen wir der kleinen Landstraße zum Ort hinaus.

Am Ortsschild dann verlassen wir bereits die Fahrbahn und folgen nun halblinks dem Wirtschaftsweg, der geradeaus in die beschneite Feldflur führt. Links unten sehen wir den Weg im „Geißacker", den wir gekommen sind, zur Rechten ein Steinkreuz

Sistiger Bilderbibel

zwischen Fichten an der Straße. So geht es 700 Meter weit
schnurgeradeaus; dann fällt der Weg auf einmal deutlich ab, und
wir erreichen in der Böschung einen Querweg vor dem Salbersbach. Ihm folgen wir nach rechts, vorbei an dichten Vogelhecken
und dem Bach entgegen bis an die Chaussee.
Auf dem Fahrdamm gehen wir nach links, über den Bach hinweg
und längs der Hecke bis zum Scheitelpunkt der Kuppe, dann folgen wir der Straße weiter bis nach Diefenbach. Wo unser
Sträßchen „Salberbach" dann nah dem nächsten Bachtal in die
„Heisterter Straße" übergeht, nehmen wir die „Wahlener Straße"
nach rechts und erreichen am Buswartehäuschen wieder den
Kuttenbach, der hier kaum mehr ist als ein kleiner Faden Wasser.
Dahinter nehmen wir den Weg an seinem rechten Ufer („A 15"):
„Steinfeld 2,3 km" heißt es diesmal auf der Tafel.
Nach 600 Metern erreicht der Weg ein steineres Brückchen: Hier
nehmen wir den Fahrweg rechts hinauf, in der Böschung am
Waldrand entlang, und kommen so nach einem Rechtsschwenk
auf einen Querweg („A 1"). Ihm folgen wir, vorbei an Abzweigungen links wie rechts, nun immerfort bis Steinfeld, vorbei an einem
Kalksteinkreuz des 18. Jahrhunderts, am Klostergut vorüber und
mit der Landstraße am Ehrenmal vorbei bis an das Kloster und
zurück.

Kurzbeschreibung Tippeltour 23

Weglänge: 10 km.

Anfahrt:
A 1 bis AS Euskirchen-Wißkirchen, B 266 bis Wallenthaler Höhe und über Kall und Urft nach Steinfeld oder bis AS Nettersheim und der Beschilderung in Richtung Nettersheim, dann Kall und Steinfeld folgen. Parkplatz gegenüber dem Kloster. Mit der Eisenbahn über Kall bis Bhf. Urft, dort urftabwärts mit Weg „U" und mit „A 4" den Kuttenbach hinauf, zurück von der Klostermauer an der Landstraße ebenfalls „A 4" (insgesamt 6 km, vgl. Karte). Nicht alle Züge halten in Urft; von Kall ggf. mit Anruf-Sammeltaxi zum Start, Tel. 0 24 41-77 65 43.

Wanderkarte: 1 : 25.000 Nettersheim, Kall (= Wanderkarte Nr. 5 des Eifelvereins)

Wanderweg:
Mit Wanderweg 4 (Keil) ins Tal des Kuttenbachs, bach überqueren und links „A 1"; nach 1,5 km rechts hinauf nach Steinfelderheistert. Oben „Veilchenweg", „Florastraße" kreuzen und mit „Pappelweg" auf Sistig zu. Nach 500 m rechts, dann Linksschwenk und über Bach hinweg, mit Fahrweg nach Sistig und zur Kirche. Kirchplatz überqueren, links alte „Blankenheimer Straße", nach 100 m links „Quirinusborn" und „Auf dem Stützgen", am Ortsausgangsschild links und durch Ackerland bis an Bach heran, rechts und mit der Landstraße bis Diefenbach. Dort hinter Kuttenbach „A 15" links und nach 600 m rechts „A 1" zurück.

Einkehrmöglichkeiten: In Steinfeld „Klosterschänke", Tel. 0 24 41-77 06 25 (montags Ruhetag), in Sistig „Hubertushof", Tel. 0 24 45-51 51 (mittwochs Ruhetag).

Auskunft: Verkehrsamt Kall 0 24 41-8 88 54.

Die Kirche in Sistig ist werktags von 9–14 Uhr, sonntags von 9–17 Uhr geöffnet. In der Weihnachtszeit ist sie aus Sicherheitsgründen überwiegend geschlossen.

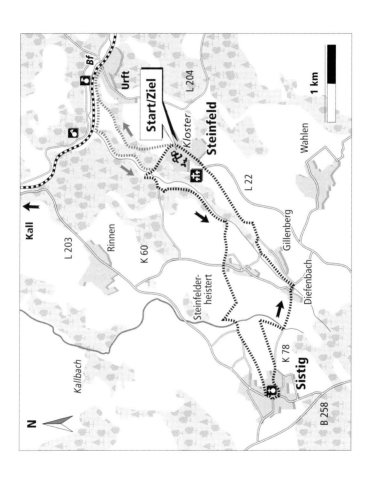

Tippeltour 24:

Im Reich der Osterglocken

Den Ruhm der gelben Osterglocke, narcissus pseudonarcissus, besangen die Poeten schon im 17. Jahrhundert: „Flora stickt ihr purpur-kleid / mit den veilgen und narcissen". Der Lyriker Paul Fleming reimte auf den Vers mit „flüchtigen narcissen" das barocke Lebensmotto: „Bald hin müssen". Doch nach der Blüte bleibt den Blumen immer noch ihr Name. Und was den betrifft, so braucht sich die Narzisse hinter keiner Rose zu verstecken. Im Gegenteil: Ihr Name hat es in sich und reicht von jenem schwülen Stoff, aus dem die Träume der „Narkosen" sind, bis hin zu einem Jüngling der Antike, der sein Spiegelbild in einer Quelle sah und in sich selbst bis auf den Tod verliebt dahinsank und zur Blume wurde, vom Narziss im Leben zur Narzisse.

An allen Straßenrändern blühen heute seine späteren Verwandten als gelbe Wucht aus Tüten. Doch in der Eifel tief im Westen, wo sie hoch und nass und kalt ist, wachsen ihre wilden, also edleren Familienangehörigen noch zu Tausenden, wenn nicht Millionen.

Für diesen Ausflug müssen wir so weit nach Westen, dass wir beim Aufbruch schon die Höckerlinie des Westwalls vor uns haben. Vom Parkplatz folgen wir dem Lauf der alten „Luxemburger Straße" weiter durch die Biegung. Wo wir dann erneut die Höhe der Chaussee erreichen, folgen wir rechts dem gesperrten Fahrweg, auch hier entlang an den bemoosten Drachenzähnen aus Beton. Der Weg schwenkt mit dem Waldrand rechts und bietet uns ein Holzschild mit dem Hinweis auf das Ziel: „Narzissenwiese". Wir folgen weiter dem Verlauf der Höckerlinie, am Aussiedlerhof Heimbüchel vorüber und 200 Meter weiter bis zu einem unmarkierten Querweg in den Wald.

Hier gehen wir nach links und finden gleich bei einer alten Buche den Grenzstein 511. Schon ehe es den Stein hier gab, markierte diese Buche die Grenze zwischen den Herrschaften Reifferscheid und Schleiden und dem Dreiherrenwald. Die belgisch-deutsche Grenze macht hier einen Knick. Wir wandern weiter geradeaus und von nun an viele Kilometer hart an Belgien entlang. Es geht im Wald hinab, bei einer Gabelung nach einem halben

Narzissenwiese

Kilometer weiter geradeaus und zügig nun hinab. Unten stoßen wir dann auf die Kehre eines breiten Wegs mit einem alten Grenzstein unter einer großen Fichte. Dahinter fließt die junge Olef, die nicht einmal zwei Kilometer weg von hier entsprungen ist. Wir gehen nicht auf diesen breiten Weg, sondern schwenken vor der Fichte rechts, am Hinweis auf den „Staatswald Dreiherren" und der rotweißen Schranke vorüber, über einen Wasserlauf hinweg und links, wo das Bächlein in der Olef mündet. Sechs Kilometer bleiben wir nun so die Olef und der Grenze treu, stets in der Böschung oberhalb der breiten, feuchten Wiesen im Tal.
Vor den Narzissen kommt der Hinweis der örtlichen Ordnungsbehörde auf den artgerechten Umgang mit den edlen Wilden drunten im Tal. Und dann sehen wir sie schon: Wie kleine Osternester gelb und grün im spröden Gras des Vorjahrs, dem der Schnee die letzte Färbung ausgetrieben hat. Das Tal zur Linken unter uns ist breit, das Flüsschen gluckert ausgelassen durch die Strudel der Mäander, dazwischen melden fröhlich die Narzissen, dass nun auch in der Eifel mit dem grauen Winter Schluss sei, finito, basta, ab der Bart und zappenduster!
Noch vor dem Ende der Wiese zur Linken erreichen wir ein Wegedreieck und wandern weiter links im Tal, von nun an auf dem Hellenthaler „Geo-Pfad". Knapp einen halben Kilometer weiter erreichen wir den Aufschluß 30 mit dem alten Steinbruch am Rathsberg. In den Sandsteinlagen finden Geologen Eisenoxide

und Milchquarz, Fossiliensammler Hinweise auf Pflanzen oder Muscheln. Wir finden immerhin den Hinweis auf den „Loki Schmidt-Weg". Die Ehefrau des damaligen Bundeskanzlers hatte 1979 die Schirmherrschaft über das Narzissental übernommen, zum Jubiläum zwanzig Jahre später kam der Stein mit Bronzeschrift hinzu.

Der kleine Fluss ist hier nun schon breiter geworden, von Erlen hübsch gesäumt, und hier und da mit abgetrennten alten Armen in der Talau, dazwischen gibt es immer wieder einmal einen Grenzstein – und Narzissen tausendfach. Sie sind ein wenig blasser als die kultivierten Arten aus dem Gartencenter; und nach der Sage waren sie zu Anfang völlig weiß. Persephone, Tochter des Zeus, umkränzte einst ihr Haupt mit ihnen und sank in tiefen Schlaf ob des benehmenden Aromas. So konnte Hades sie entführen und zur Gattin nehmen, doch dabei fielen einige zu Boden und wurden golden gelb. Man fand sie, sagt man, auch am Fluss ins Totenreich zur Freude aller Seelen und nannte sie „Asphodelos". Mögen die Botaniker als Affodill auch heute eine Lilie bezeichnen: Shakespeare kannte sie im „Wintermärchen" als Narzisse, englisch „daffodil". Doch warum sie Schlegel/Tieck als „Anemone" übersetzten, bleibt das Geheimnis der gelben Narzisse.

Einen Kilometer nach dem Steinbruch erreichen wir den Aufschluß 31 mit der Einmündung des Tröglichtenbachs und wandern weiter durch das Tal. Truglichter, also Irrlichter, im Sumpfgebiet einmal bei jedermann gefürchtet, haben dem Bachlauf den Namen eingetragen. Allmählich nähert sich der Weg der Aue an. Etwa 100 Meter hinter Grenzstein 530 passieren wir eine hölzerne Brücke über die Olef. Nochmals 100 Meter weiter zweigen rechts zwei Wege ab, von denen der rechte uns im Bachtal aufwärts brächte bis auf den Asphaltweg auf der Höhe und nach rechts zurück. Wir aber wandern weiter, wo der junge Fluss sich auf den nächsten Kilometern als vaterlandsloser Geselle entpuppt und mehrmals zwischen Belgien und Deutschland wechselt.

Schließlich endet hier, am Grenzstein „549", das Narzissental. Von rechts kommt ein Fahrweg hinzu („R 9"), die zweite Möglichkeit, die Strecke abzukürzen. Wir bleiben weiterhin neben dem Fluss („9a"), wo unser Weg nun asphaltiert ist. Es geht vorbei an einem eingestürzten kleinen Bunker in der Böschung, dann stößt von links ein Weg hinzu, in dessen Brücke wir das Jahr ihrer Erbauung lesen können: 1957, zwei Jahre nach der Grundsteinlegung für den Olefsee. Zwei Wanderwege kommen hinzu, und wir folgen nun dem schwarzen Keil des Wegs 6 und erreichen

Eduards Kappelle

wenig später den Zulauf der Olef-Talsperre. Hier ist der Fluss, der bisher so naturbelassen war, nun in ein betoniertes Bett gezwängt. Zwei Wege führen längs des Sees zur Sperrmauer, 8 Kilometer lang der eine, 6 der andere: Dem folgen wir nun mit dem Keil am südlichen Ufer, vorbei am kleinen Pegel.

5 Kilometer ist die Talsperre im engen Kerbtal lang, sie dient der Wasserregulierung, liefert jährlich bis zu 4,5 Millionen Kubikmeter Trinkwasser und wirft nebenbei noch billig Strom ab, 2,55 Millionen Kilowattstunden. 800 Meter nach dem Hinweis auf die beiden Wege längs des Sees zur Sperrmauer überqueren wir den Zulauf des Lehrbachs und wenden uns dahinter rechts in Richtung „Waldkapelle" („9 b"). Der Weg steigt mit dem Bachlauf unablässig an, vorbei an Abzweigungen und abermals 800 Meter weit hinauf. Wo dann der breitere Weg als Erddamm um die Quellmulde des Lehrbachs schwenkt, halten wir uns mit dem Weg „9 b" noch weiter geradeaus, am Bach entlang. Nach weniger als 100 Metern geht es rechts, wir überqueren nun den Wasserlauf auf einem Brückchen und steigen dann in engen Kehren zwischen jungen Buchen am Rand des Fichtenwalds bergan bis an die kleine „Waldkapelle" des St. Eduard. Als mittelalterlicher König steht der Heilige in seiner Nische über der Tür, doch die Kapelle selbst erinnert an den jungen Namensvetter, Graf Eduard de Briey, und sein Schicksal, wie wir es im Innern der Kapelle kennenlernen können.

Gottes Segen

Seit Siegfrieds Tod im Odenwald hat es mit den Jagdunfällen hierzulande seine eigene Bewandtnis. Doch diesmal traf das Unglück alle, die beteiligt waren: Der Graf, ein Mann von 26 Lenzen, war auf der Jagd mit seinem Freund und Gastgeber, dem Arenberger Herzog Engelbert. Es war der 7. Mai des Jahres 1897. Ein Förster trug dem Gast die Flinte hinterher, ein Fehltritt ließ ihn straucheln, dabei löste sich ein Schuss und traf den Grafen oberhalb der Hüfte in den Rücken. Er starb noch in der nächsten Nacht in Hellenthal. Zwei Jahre später stand hier, aller Seelenheil zuliebe, die Kapelle.

Ein Platz mit Bänken bietet die Gelegenheit zur Rast. Dann machen wir uns wieder auf den Weg, steigen von der Kapelle auf dem splittgestreuten Weg im Wald den Hang hinauf („9 b"). Der Weg schwenkt links, wir kreuzen einen breiten Weg und steigen weiter an im Buchenwald. Vor Fichten stoßen wir auf einen Querweg und folgen ihm nach rechts, bis wir nach 250 Metern den asphaltierten Höhenweg erreichen, dem wir rechts nun bis zum Ende folgen werden. Der Vermessungsstein zur Linken steht für die Höhe von 608,40 Meter.

Nach 1,5 Kllometern passieren wir an einem Wegekreuz die Schutzhütte „Daubenscheid" von 1962. Hier folgen wir dem Hinweis „Hollerath" nach links, an einem Stoßgebet auf einem Stein vorüber, weiter mit Weg „9". Nach einem halben Kilometer zweigt nach links ein asphaltierter Weg ab; wir bleiben geradeaus und stoßen dann nach einem Kilometer wieder auf die Höcker aus dem letzten Krieg. Hinter einer Schranke kommt von links der Weg „A 3" hinzu, wir bleiben weiter auf dem festen Weg. Es geht vorbei an einem kleinen Bunker und einer Wiese im Wald. An der nächsten Wegekreuzung schwenkt unser Weg „A 3" ein wenig nach links, wir kommen aus dem Wald hinaus und mitten durch die Panzersperren, noch einmal vorbei an einem gut getarnten Bunker aus dem Weltkrieg und zwischen eingezäunten Weideflächen bis zur Bundesstraße und nach rechts zurück.

Was die Narzissen anbetrifft, so sind sie an der Olef bald verblüht und abgelöst von neuen, bunten Blüten. Vergessen aber sind sie nicht, im Gegenteil: Sie blühen nirgendwo so schön wie in der eigenen Erinnerung und noch im dunkelsten November so haltbar wie im Vers des englischen Poeten William Wordsworth: Ihm waren sie zehntausendfach begegnet. Seither, wann immer er sich leer und traurig fühlte, erschienen sie ihm vor dem Auge seines Innern und riefen ihn zum Tanz – stets mit demselben fröhlichen Ergebnis: „And then my heart with pleasure fills / And dances with the daffodils."

Kurzbeschreibung Tippeltour 24

Weglänge: 16 km

Anfahrt:
Über A 1 bis Euskirchen-Wißkirchen, auf der B 266 bis Gemünd, dort B 265 über Hellenthal und Hollerath hinaus und bis zum Wanderparkplatz „Hollerather Knie" 1 km hinter dem Ort in der Biegung der B 265.
Mit der Bahn bis Kall, von dort mit dem Bus 808 bis Hellenthal und mit Anruf-Sammeltaxi (AST) bis zum Ausgangspunkt (Auskunft RVK 0 18 04-13 13 13, AST 0 24 82-60 66 66).

Wanderkarte:
1 : 25.000 Hellenthal (= Wanderkarte Nr. 14 des Eifelvereins)

Wanderweg:
Vom Parkplatz südwärts bis an Schnellstraße heran, hier Fahrweg rechts. Am Waldrand rechts, nach 500 m Querweg links bei Grenzstein 511. Mit Grenzverlauf bis Grenzstein 514 und Olefbach bis zur Talsperre folgen. 800 m am südlichen Ufer weiter, dann rechts in Richtung „Waldkapelle" („9 b"). Zur Kapelle und weiter bis auf Höhenrücken, hier rechts („9") bis Hütte „Daubenscheid". Weiter „9", nach 1750 m mit „A 3" halblinks zum Wald hinaus und bis zur B 265 und rechts zurück.

Einkehrmöglichkeiten: am Weg keine

Auskunft: Verkehrsamt Hellenthal 0 24 82-8 51 15.

Der Weg lässt sich, wie beschrieben, zweimal verkürzen.
In Wandergebiet findet alljährlich im Frühjahr das „Narzissenfest" statt.

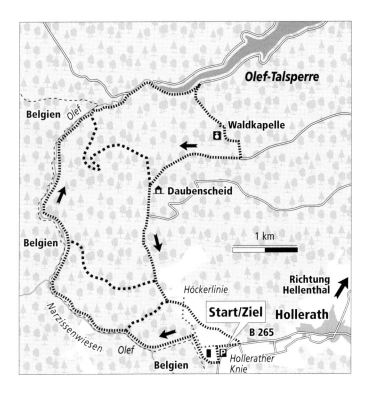

Tippeltour 25:

Mit der Hütte kam der Wohlstand

Im tiefen Tal der Kall, auf halber Strecke zwischen Düren und Montjoie, wollten einst zwei Spekulanten aus St. Gallen fern der Schweiz ihr Glück versuchen mit einer Glasfabrik und einer Seifensiederei. Das war im Jahre 1608. Zehn Jahre später warfen sie den Bettel hin und verkauften alles an den Reidemeister Simon Kremer aus Zweifall. Der kannte allemal die örtlichen Gegebenheiten besser: Eisenerze, Schiefer, Buchenwälder, Wasser. Er machte den Betrieb zur Eisenhütte, kam zu Wohlstand, baute Häuser und vererbte schließlich neben dem Vermögen seinen Namen: Simonskall. Und nichts erinnert an die Schobingers vom Bodensee, Tobias und Bartholomäus.

Das schmucke Kleinod Simonskall ist heute unser Ziel. Hier unten sagen sich noch immer Fuchs und Hase Gute Nacht. Doch wir beginnen auf der Höhe, wo der Fuchs den Nacken hat: in Vossenack, als „voyssnacken" noch 1472 kenntlich mit sprechendem Namen. Bekannter wurde Vossenack indes am Donnerstag, dem 2. November 1944, als Ort der sogenannten „Allerseelen-Schlacht" im Hürtgenwald, die nur nach ihrem Datum hieß und doch dem Wort „All Souls' Day" seine eigene Bedeutung gab: Unerfahren im Gelände, verloren die Amerikaner hier eine ganze Division. Rund 68.000 Soldaten fielen damals bei den wochenlangen Kämpfen um den Vormarsch durch das tälerreiche Waldgebiet, 55.000 davon auf der Seite der späteren Sieger, fast soviele wie in Vietnam.

Am Vossenacker Kirchturm beginnen wir den Weg, der uns diesmal viel zu zeigen hat von der Geschichte jener Jahre, sei es 1618, sei es 1944. Das Zeichen, dem wir dabei immer wieder folgen, ist ein stilisiertes „H" mit einem Punkt darüber, dem flachen Kegel eines Meilers nachempfunden: das Zeichen des „Historischen Wanderwegs". Vom „Baptist-Palm-Platz" gehen wir am Turm von St. Josef vorüber, der 1944 wie das ganze Dorf in Schutt und Asche lag, und verlassen den „Mestrenger Weg" rund 100 Meter später dann nach rechts (Hinweis „Nach Simonskall

3,3 km"). Wo der asphaltierte Weg bei einer Bank nach 50 Metern schon nach rechts knickt, halten wir uns geradeaus am Koppel- zaun entlang und kommen so hinab, am Unterrand der Weide- fläche vorüber an Linden und Eichen. Hoch oben, fern halblinks, steht ein ganzer Park von Windkrafträdern. Wo wir den Wald erreichen, verlassen wir nach 30, 40 Metern dem Weg in der Böschung und folgen rechts dem schmalen Pfad hinab (mit „H"). Mit dem kleinen Wasserlauf zur Rechten erreichen wir im Tal den Richelsbach, kommen mit den Zeichen „H" und „1" über ein höl- zernes Brückchen hinweg und steigen in der Böschung gegen- über wieder an. Nach kurzem Aufstieg kreuzen wir den festen Wirtschaftsweg und steigen weiter in der Böschung bis zu einer Bank im sachten Rechtsschwenk, bei der der Weg schon wieder abfällt und uns zuletzt hinunterbringt ins Tal der Kall. Wir gehen mit dem breiten Weg nach rechts und nähern uns in einer felsigen Biegung erstmals der Kall. Es geht vorbei an einer Schranke und zum Wald hinaus, wir passieren etwa 100 Meter weiter eine Brücke, dann den Parkplatz und erreichen Simonskall, ein schmuckes Örtchen, das mehr Gästebetten hat als Einwohner. Es geht vorüber an „Haus Kallbach", vorüber an der Straße hoch nach Vossenack und weiter durch den kleinen Ort. Gleich neben dem Hotel „Im Wiesengrund" finden wir, als Nummer 10, ein Haus von 1666.

Simonskall

Kallbach mit „Burg"

Hier verbinden sich die beiden Traditionslinien von Simonskall,
denn das Haus, erbaut von einem Enkel Simon Kremers, brann-
te bei den Kämpfen 1944 aus. Ein Kleinod aus der Frühzeit ist das
„Haus des Gastes", ein großer Fachwerkbau auf einem Fels-
steinsockel, an einen alten Eckturm 1651 angebaut, einst das
Haus von Kremers Tochter. Und links, jenseits der restaurierten
„Kremermühle" von 1622, liegt ein großer Hof wie eine feste Burg
und heißt auch so: die „Burg", das Haus des Simon Kremer, noch
immer im Besitz der Nachfahren. Die Eisenhütte, die dort drüben
oberhalb des Ortes lag, hatten die Besitzer früh genug an einen
Hoesch verkauft, einen Ahnherr jener Hoeschs der späteren Dort-
munder GmbH. Schon in den Jahren der französischen Besatzung gingen Erz und Holzkohle zu Neige, dann konnte endlich
England wieder liefern: 1816 wurde die Hütte in Simonskall geschlossen.

Wir wandern weiter und nehmen gleich hinter dem Hotel-Restau-
rant „Talschenke" unter einen großen Linde rechts den Weg in
der Böschung hinauf („H", „3"). Schon oberhalb der Häuser
schwenkt der alte Karrenweg nach links und bringt uns durch
Buchenpartien und Fichten steiler nach oben. Auch der Wald
gehörte 1944/45 zu den Opfern: Die großen Buchenwälder waren
allesamt zerschossen, splitterübersät, für Schanzarbeiten abge-
holzt, verbrannt wie das gesamte Land. Fichten rückten nach, die
waren billig, und sie wuchsen schnell. Und bis heute wird ein

Stamm vom alten Holz im Sägewerk zunächst mit Eisen-Detektoren untersucht, damit die Sägen sich an ihm nicht die Zähne ausbeißen.

Auf halber Höhe folgen wir dem breiten Weg am Hinweisstein nach links und wandern ohne Steigung weiter („H"). 800 Meter weiter dann, bei einem Wegekreuz, verlassen wir den Höhenweg und steigen links hinab, wie immer mit dem Zeichen „H". Es geht auf einem Rücken abwärts, dann im scharfen Schwenk nach rechts durch Lärchen und in hohen Buchenwald, vorbei an einem alten Meilerplatz im Wald. Bald darauf erreichen wir die Straße im Tal, gehen 100 Meter rechts und schlagen dann den Weg nach links ein, auf der steinernen Brücke über die Kall. Wir kommen durch das breite Wiesental mit schönen Erlen und folgen hier dem Wanderweg 10 des Eifelvereins mit Winkel, Hinweisstein und Holzpilz erneut in Richtung „Simonskall" („H"). Es geht nun in der Böschung sacht hinauf, so dass die Kall bald wieder tiefer liegt. Nach reichlich einem halben Kilometer knickt der Weg bei einer mächtigen Buche und einer Bank nach rechts, umfährt die tiefe Kerbe im Gelände und bringt uns weiter in der Böschung geradeaus.

400 Meter weiter und 50 Meter hinter einer ersten Abzweigung des Wegs „A 2" nach rechts trennen sich die Wege: Links führt der Weg „A 2" zu einer Felsenkanzel hoch über der Kall und abermals an Simonskall heran. Wir dagegen folgen rechts dem

Blick zurück

Meiler im Huschelbachtal

„Historischen Wanderweg", der hier bequem im Wald verläuft.
Nach 400 Metern schwenkt der Weg vor einem Wasserlauf nach
rechts und bringt uns dann bei einem Wegekreuz über das Wasser hinweg und abermals der Kall entgegen mit Weg „H". Bald
geht es durch die Schneise einer Ferngasleitung und wenig später, wo der Weg sich gabelt, sacht nach rechts, erneut vorbei an
einem alten Meilerplatz („3" und „H"). Nach links bestünde hier die
Möglichkeit, die Kall zu überqueren.
Dann geht es über einen dünnen Wasserlauf hinweg, und für den
nächsten Kilometer wandern wir am Sockel eines steilen Felsenbuckels über dem Fluss, bis wir dann bei einem Holzpilz die Kall
erreichen, wo ein Weg nach links sie überquert. Wir wandern weiter geradeaus, kallabwärts und in Richtung „Schmidt": So heißt es
auf dem Hinweisstein.
Bald führt der Weg am Wasserwerk von 1905 vorüber, das Vossenack bis 1936 und Schmidt sogar bis 1971 mit Trinkwasser versorgte. Der Weg steigt an und schwenkt dann deutlich rechts:
Hier haben wir das Kalltal hinter uns gelassen und wandern nun
800 Meter im Huschelbachtal, bis wir den sogenannten „Schaumeiler" erreichen, das umfassend erläuterte Muster eines Meilers
mit den zwei „Gesetzen" Buchenholz. Daneben sehen wir die Rasenhütte des Köhlers, auch „Kollhött" und mit tieferer Bedeutung
„Rheumabude" genannt: Hier hatte der Köhler, meist mit der
Nase im Rauch, den Schwelprozess zu überwachen. Waldbrand

gab es trotzdem oft genug – und deshalb immer wieder Ärger mit
dem Förster.

Nur ein paar Meter weiter überqueren wir das Tal des Huschel-
bachs und wandern links zurück auf einem schmalen Pfad am
Bach entlang. Ehe wir die Kall erreichen, geht es nochmals links,
über den Bach hinweg, und rechts dann an die Kall. Wo der
Huschelbach dann mündet, überqueren wir die Kall auf einer
Holzbrücke und halten uns dann zwischen Fluss und Mühlengraben rechts, bis an die Mestrenger Mühle heran. Die alte Korn- und
später Ölmühle „ahn den Mestrengen" stammt von 1668, und Jan
Wellems Wasserrechtsurkunde von 1705 hat auch noch heute
seine Gültigkeit. Doch die bekannte Mühle ist längst ein beliebtes
Ausflugsrestaurant.

Noch vor der Mühle steigen wir nach links den Pfad hinauf („3")
und nehmen vor dem blanken Felsen den festen Weg nach rechts
(„3" und „8"). Wo gleich darauf von unten ebenfalls ein Weg
kommt („4" und „8"), verlassen wir das Tal der Kall und steigen
links hinauf („3", „4"), kreuzen einen Querweg in der Böschung
und steigen weiter auf dem Steilstück, vorbei an einem Kruzifix im
Wald, zum Wald hinaus, am Rand der freien Weidefläche weiter
auf die Höhe und zwischen Weidezäunen schließlich bis nach
Vossenack. Mit dem „Mestrenger Weg" geht es dann zurück zum
Parkplatz, wo wir erst jetzt die starke Leistung der blau lackierten
Lambachspumpe recht ermessen können, die mit nichts als Was-
serkraft das Brunnenwasser aus dem Tal der Kall bis auf die
Höhe pumpen konnte.

Kurzbeschreibung Tippeltour 25

Weglänge: knapp 14 km

Anfahrt:
A 4 bis AS Düren, über Düren mit B 399 Richtung Monschau. Am Ortseingang Vossenack links ab in Richtung Schmidt bis zur Kirche mit Wanderparkplatz auf dem „Baptist-Palm-Platz".

Wanderkarte: 1 : 25.000 Dürener Rur-Eifel (= Wanderkarte Nr. 2 des Eifelvereins) und 1:25.000 Monschauer Land (= Wanderkarte Nr. 3 des Eifelvereins)

Wanderweg:
„Mestrenger Weg", nach 100 m rechts mit stilisiertem „H" rechts ab in Richtung „Simonskall 3,3 km", Richelsbachtal queren, in der Böschung weiter, dann dem Kallbach entgegen bis Simonskall. Hinter „Talschenke" rechts hinauf, oben Linksschwenk und weiter mit „H", erneut ins Tall und Kallbach kreuzen und kallabwärts bis ins Huschelbachtal bis zum „Schaumeiler". Bach überqueren und zurück zum Kallbach mit „Mestrenger Mühle". Von dort mit „3" und „4" hinauf und zurück.

Einkehrmöglichkeiten: zahlreich; die „Mestrenger Mühle" (0 24 74-14 87) hat freitags Ruhetag.

Auskunft: Gemeinde Hürtgenwald Tel. 0 24 29-3 09-40/41

Der beschriebene Rundweg folgt weitgehend dem „Historischen Rundweg" der Gemeinde Hürtengenwald, zu dem es eine informative Broschüre gibt.
Die erheblichen Steigungen lassen sich verringern, wenn man in Simonskall beginnt und im Kalltal bleibt. Abkürzungsmöglichkeiten gibt es in Simonskall (Brücke und Weg „7") sowie durch die weiteren Kall-Brücken, vgl. Karte und Schautafeln am Weg.

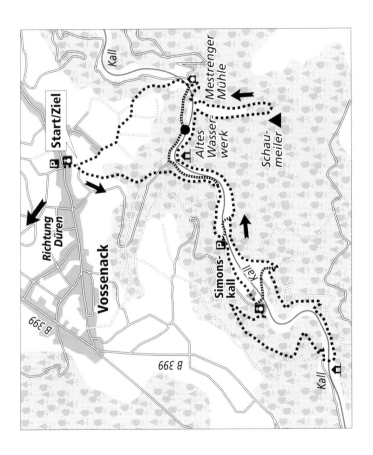

Tippeltour 26:

„Er wird nicht vollendet, trotz allem Geschrei"

Theodor Fontane war begeistert: „Um 9 Uhr Abends war ich in Köln.", schrieb er 1852 seiner Frau. „Die Stadt ist scheußlich, der Dom das herrlichste, großartigste was ich überhaupt je gesehn." Ein griechischer Tempel, so fuhr er fort, mag schön sein: „Aber solch Dom ist mehr als schön." Es war das Himmelsstrebende des Bauwerks, das ihn fesselte, die Sehnsucht nach Vollendung – so und so. „Er ward nicht vollendet – und das ist gut." Das hatte Heinrich Heines Reisender im „Wintermärchen" 1844 festgestellt. Und hatte noch eins draufgesetzt: „Er wird nicht vollendet, trotz allem Geschrei..." Dabei hatte Heine selbst zwei Jahre vorher in Paris den dortigen Dombau-Verein mit ins Leben gerufen! Bald gab es derer 140 auf der Welt!

Zu sehen war zu jener Zeit noch ungefähr dasselbe wie seit eh und je: der Kölner Dom, rund hundert Meter weit entfernt von der Vollendung, etwa so: „Bei St. Andreas vorbei treten wir wieder in die Trankgasse und gehen dem städtischen Museum schräg gegenüber den Hügel hinan, auf welchem der Dom steht. Hier erhebt sich in seiner ganzen Majestät das herrliche Werk altdeutscher Baukunst, vielleicht das grösste und schönste Gebäude der Welt, wenn es vollendet worden wäre." Das schrieb, seit 1828, der erste Stadtführer für Köln: die ganze Majestät bei nicht einmal der halben Höhe! Es war das Fragmentarische des Doms, das die Gemüter immer schon ergriff.

Seit 1880 ist der Dom vollendet, wie es scheint. Zwar wurde er nach einem Steinschlag 1906 erneut zur Baustelle und blieb und bleibt es bis in absehbare Ewigkeit: Er wirkt doch immer wie aus einem Guss, als hätten ihn die Heiligen wie Heinzelmännchen über Nacht gebaut. So sehen ihn die meisten jener 18.000 Menschen, die ihn Tag für Tag besuchen. Jeder von ihnen bleibt im Schnitt nur zehn Minuten. Das reicht wohl für ein Staunen, einen Eindruck, auch für ein Gebet. Um den Dom ein Stück weit zu begreifen, ist das viel zu kurz. Und deshalb machen wir uns heute auf den Weg zu einer Runde durch den Dom von West nach Ost, von heute aus zurück in der Vergan-

Der Kölner Dom angestrahlt

St. Christophorus

genheit, vorüber am Barockzeitalter, als Wände, Pfeiler und das alte
Chorgestühl mit weißer Farbe modisch aufgewertet werden sollten,
vorbei am Jahre 1560, als der Dombau amtlich aufgegeben wurde,
zurück zur Weihe 1322, zur Grundsteinlegung 1248 und weiter bis
ins 9. Jahrhundert, als jener Kirchenbau begonnen worden war, der
schon im 13. Jahrhundert der „Alte Dom" hieß und nun dem neuen
Stück um Stück zu weichen hatte.
Die Türme waren 1880 dann die Pointen der Vollendung, für die ein
Protestant und Preuße, König Friedrich Wilhelm IV., das Startsignal
gegeben hatte. Hier geht es heute in das Innere der Kathedrale, wo
noch einmal, beim tiefen Blick durch die Vierung ins Chor, Vollkom-
menheit und Ebenmaß den Eindruck dominieren. So hatten Dombaumeister Gerhard und die Seinigen sich ihre Summe, ihren Traum
der Gotik vorgestellt.
Wir wenden uns nach rechts und finden in den südlichen Seiten-
schiffen über den Kapitellen der Bündelpfeiler mit den Augen je zwei
Lagen dunklen, alten Steins: Dort lasteten, in 13,50 Meter Höhe, fast
ein halbes Jahrtausend hindurch die „provisorischen" Dächer, aufge-
legt auf schwere Balken, die auf den Kapitellen ruhten und so zugleich den Pfeilern Halt verliehen. Die Pfeilerbündel neben uns
gehören zu den ältesten im Langhaus. Ihr Stein ist „Trachyt", der
Stein vom „Drachenfels", gut zu erkennen an den kleinen, kristallinen
Einschlüssen, die überall zu finden sind wie Luftschlangen in kleinen
Schnipseln.

Die beiden südlichen Seitenschiffe folgten baugeschichtlich auf den Chor, dann kamen Mittelschiff, der Südturm und die Seitenschiffe gegenüber. Drei ihrer Joche fanden damals ihre bleibende Gestalt, wir sehen heute noch beim Blick zurück auf die Arkadenbögen hoch über dem Mittelschiff einander kreuzende Profile: eine spätgotische Spielerei, auf die man dann beim Weiterbau verzichtete.

Wir sind noch immer auf der Südseite und gehen nunmehr auf das Querhaus zu, das mit zwei Gewölben gemeinsam mit dem Chor errichtet wurde. Beim Blick hinauf erkennen wir in den Mauerflächen der Ostwand über den Arkaden, den sogenannten „Zwickeln", tangential zu den Arkadenbögen, die Dachanschläge der mittelalterlichen Satteldächer als dunkle Spur von Abrieb, altem Schmutz und von Verwitterung. (Die Regelmäßigkeit der Steine und die saubere Umrandung der Arkaden des dritten und vierten Jochs weisen unauffällig, aber deutlich, wieder auf das 19. Jahrhundert hin.) Als man den Bau im Jahre 1560 aufgab, war das gesamte Langhaus in etwa dieser Höhe unzulänglich abgeschlossen, doch immerhin schon zu benutzen. Neunzig Prozent von der Fläche des Doms waren bebaut, nur vom Volumen fehlte noch die Hälfte. Anders ausgedrückt: Es fehlte in der Höhe!

Als Theodor Fontane 1865 zum zweitenmal nach Köln kam, war die alte Trennwand zwischen Chor und Vierung schon gefallen und das Querhaus nach dem Plan des Dombaumeisters Zwirners schon gebaut. Doch wie schon die Besucher seit Jahrhunderten trat auch Fontane noch von Süden ein. So stand auch er, wie wir nun, vor dem überlebensgroßen Standbild des Christophorus, 3,73 Meter hoch, ein Werk des 15. Jahrhunderts. Als „Christusträger", wie sein Name sagt, und eine Art von Fährmann ist er entfernt verwandt mit jenem Charon, der die toten Griechen in den Hades fuhr. Und so erinnert auch Christophorus denn an das Ende und warnt vor einem jähen Tod, der „unversehens" eintritt, nämlich unversehen mit den Sterbesakramenten. Fontane schweigt uns von Christopherus. Er traf hier nur auf einen, wie er sagte, freundlich-salbungsvollen Herrn: „Aus seiner Anrede versteht man nur die Worte: ‚Unser Dom.'" – Für den Dom gesammelt wurde immer schon.

Am Chorgitter vorüber, geht es in das eigentliche Herz der Kathedrale, in den Chor mit seinem Kranz von sieben Umgangskapellen und je einer der größeren, dreijochigen Chorseitenkapellen, der Marienkapelle (mit der „Mailänder Madonna" und dem Altar der Stadtpatrone von Stefan Lochner) im Süden und der Kreuzkapelle mit dem Gerokreuz im Norden. Im Binnenchor, der nur im Rahmen einer Führung zu betreten ist, glänzt in Gold der Schrein der Heiligen Drei

Könige. 1164 hatte Erzbischof Reinald von Dassel die kostbaren Ge-
beine der Drei Magier aus Mailand mitgebracht, für die man sich
gleich eine doppelte Umhüllung dachte: Die erste war der Schrein
(um 1190–1225), die zweite war der neue Dom. Dort dachte man sie
in der Vierung aufzustellen, doch da der Dombau vorher stockte,
blieben sie im Chor, nachdem sie vorher schon im Alten Dom gestanden hatten. Nur der vielstrahlige Stern von Bethlehem hoch auf
dem Dachreiter des Doms erinnert heute noch an diesen Plan.

Mit den Heiligen Drei Königen stieg Köln im Mittelalter zu den großen
Wallfahrtsstätten auf. Ihr Schrein stand anfangs in der Achskapelle,
der „Dreikönigenkapelle" auf der gedachten Längsachse der Kathedrale mit dem ältesten Fenster im Dom, dem „älteren Bibelfenster"
von 1265, dem einzigen, das damals Farbe hatte: die übrigen schim-
merten grau in Grisaille. Das brachte mit sich, dass nun erstmals Lai-
en, Gläubige und Pilger diesen Teil des Doms betreten durften, der
sonst dem Domkapitel und dem Bischof vorbehalten war. Die anderen Kapellen mit ihrem Schmuck und ihren alten Grabdenkmälern
wurden daraufhin, sicher ist sicher, vergittert mit jenen filigranen
Flechtwerk, das noch heute zu bewundern ist. Und weil das ausge-
klügelte Verweissystem des Bibelfensters allenfalls von sattelfesten
Klerikern noch zu entziffern war, tat man in den beiden angrenzen-
den nordöstlichen Kapellen etwas für die Frömmigkeit des Volkes
und schuf das „Allerheiligenfenster", das jedem Pilger einen Heiligen
nach freier Wahl zu bieten hatte, sowie das Fenster in der Maternuskapelle (mit dem Grabmal Philipps von Heinsberg im Kranz der
Stadtmauer, die gerade wieder neu errichtet wurde): Hier sind im
Bildschmuck Szenen dargestellt, die an das Leben Jesu zu erinnern
scheinen – und doch zuletzt nicht passen wollen. Dies ist nicht
Jesus, der da tauft und über dem das Schwert geschwungen wird:
Es ist Jakobus mit der Muschel auf der Brust!

Den Weg zum Ausgang nehmen wir nun durch das Seitenschiff im
Norden. Am zweiten Bündelpfeiler nach dem Querhaus, zu Beginn
des dritten Jochs mit dem bekannten „Renaissancefenster" und dem
damaligen Stadtwappen im unteren Bereich, weist eine helle Tafel
auf das Grab des Grafen Edmundus von Friesheim hin, das sich
tatsächlich unter diesem Ort, in einer kleinen Vorhalle des „Alten
Doms" befindet: Von hier aus bis zum Gitter vor der Achskapelle erstreckte sich der karolingische, romanische, der „Alte Dom".

Nicht ohne gute Vorsätze verlassen wir den Dom: Wir wollen wie-
derkommen, bald – und besser vorbereitet. So geht es durch die
Drehtür und nach draußen. Und dazu nur ein letzter Satz zum Dom
von 1828: „Die Umgebung ist freilich eben nicht die günstigste..."

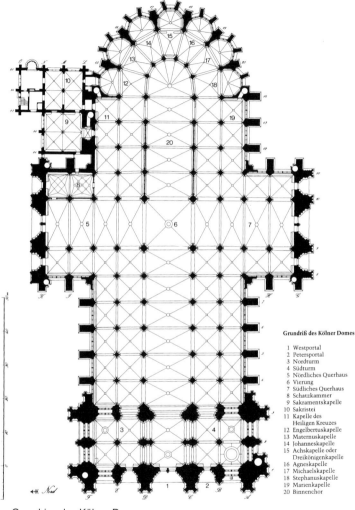

Grundriß des Kölner Domes

1 Westportal
2 Petersportal
3 Nordturm
4 Südturm
5 Nördliches Querhaus
6 Vierung
7 Südliches Querhaus
8 Schatzkammer
9 Sakramentskapelle
10 Sakristei
11 Kapelle des
  Heiligen Kreuzes
12 Engelbertuskapelle
13 Maternuskapelle
14 Johanneskapelle
15 Achskapelle oder
  Dreikönigenkapelle
16 Agneskapelle
17 Michaelskapelle
18 Stephanuskapelle
19 Marienkapelle
20 Binnenchor

Grundriss des Kölner Doms

Buntes Kirchenfenster

Sinnvolle Hilfe bei dem beschriebenen Rundgang (und eine notwen-
dige Ergänzung) ist das Faltblatt, das für 1,00 DM im Eingangs-
bereich des Doms erhältlich ist. Der dort beschriebene Rundgang
folgt allerdings – im Gegensatz zu unserem – dem Uhrzeigersinn.
Führungen durch den Dom veranstaltet das DOMFORUM gegenüber dem Hauptportal (02 21 - 92 58 47 30).

Alle 200 Tippeltouren
der Bände 1 bis 8
nach Regionen und Länge der
Wegstrecke geordnet

Alle 200 Tippeltouren

der Bände 1 bis 8
nach Regionen und Länge der Wegstrecke geordnet

Bergisches Land

Eifel und Voreifel

Niederrhein

Siebengebirge, Westerwald, Mittelrhein